教育教養　BEP032

優秀
不是靠運氣

16歲提前錄取，18歲成為**全美最年輕亞裔**CEO

哈佛姊弟的教養祕笈首度公開

于巾幗、蕭峰——著

目錄

PART 3 中學誘導教育 152

推薦序1

優秀背後的故事

陳安儀　親職專欄作家

「優秀不是靠運氣」，這句話在我閱讀本書時，數度浮上我的心頭。真的，一個人的聰明才智、EQ、IQ的確是跟遺傳、基因有關，但是要成為人生的勝利組、在各方面表現優異、擁有幸福美好的人生，卻絕對無法光憑「運氣」。

于巾幗女士來自台灣，現居加拿大。巾幗夫妻本身的學經歷就非常優秀，但最讓我佩服的是，巾幗同樣身為兩個孩子的母親、同樣教養一對姊弟，但是她花在兒女的教育心神、陪伴時間上，恐怕是我的數十倍之多。看到書中她陪伴兒女習琴、準備參加全國拼字大賽的過程，我真的是自嘆弗如！要有這樣的耐心、毅力，如此日復一日、年復一年，真的可以說是到了「神人級母親」的境界！

然而，雖然不是所有的母親，都能花費這樣鉅額的時間精力在孩子的身上，我仍然覺得巾幗的很多想法與做法，值得參考，也讓我從中得到許多啟發。

首先，你可以發現，巾幗夫妻熟讀了很多教育心理、教育理論，但卻並非一味聽信某些觀點，而是汲取了中西方之教養優點，去其弊而用其利。比方說，巾幗認同亞洲的「強勢教育」效果，但是對於華人虎爸虎媽從小逼到大的做法，卻直言並不贊同。她認為，強勢教育只在小學階段有效，在其他階段，都易引起孩子反彈、親子衝突。

因此，她在孩子的小學時期，要求嚴格，養成他們良好的學習態度與習慣，給予孩子「追求完美」的壓力。在他們長大之後，才能在「良好習慣」

之下，理性溝通。

她也提到，放任孩子過低的自我要求，並非上策。這一點我確實有所感受。因為我最近在教學第一線上常常發現，未曾受過父母要求的孩子，表現出的往往是「自卑感」。

我後來才領略，原來父母的「不敢要求」所反映出的，是「對孩子沒有信心」。如果孩子感受到父母對他們的能力沒有信心，當然也會對自己沒有信心。

此外，巾幗很多想法與我不謀而合。

舉例來說，她的孩子學才藝、學音樂，最後她下了一個結論「冷門就是熱門」。這也是我為何沒讓孩子一開始學習鋼琴，而是先學弦樂、後來轉學管樂（法國號）的原因。在未來的社會上，愈多人會的東西，便會愈不值錢，競爭愈強也愈難出頭，這在我們要花下時間與金錢成本時，絕對是一個重要的考量。

還有，關於電動與三C，巾幗一語道出電動遊戲對於孩子的吸引力，因此她非常仔細的選擇適合孩子的遊戲，讓他們能夠「寓教於樂」，而不把時間浪費在沒有意義的電動玩具上面。

關於父母的「權威」，這本書也做了很好的詮釋。巾幗說，父母應該要在孩子三歲以前，就取得「教養的權威」，這一點也是我所認同的。「權威」不等同於「威權」，現代很多父母誤以為父母要和孩子做朋友，凡事「尊重」他們，卻搞不清楚「尊重」及「放任」的界線，以至於最後喪失管教孩子的「權威」，在青少年時期誤入歧途時，完全無能為力，令人慨嘆。

在本書的字裡行間，我們可以看到一個母親細心觀察兩個孩子的個性及天賦，結合東方刻苦勤勉及西方獨立自主精神的優點，培養孩子良好的生活及學習習慣。對於不同個性的姊弟，巾幗使用了不同的方式，讓孩子能夠發揮所長；最終孩子決定先暫時停止哈佛學業、創業為先，也能完全尊重他們的選擇，顯見親子之間的溝通無礙。

孩子由家庭吸取了充足的養分，最終展翅飛翔，各自擁有一片天空。蕭家姊弟的成功，令人欣羨，但是作者在孩子背後的付出與教養方法，更是令人敬佩！

推薦序2

結合中西教養的省思與學習

楊世瑞　北一女中校長

本校畢業的校友于巾幗，有一對傑出的兒女，各自成就不凡，她願意整理自己的教養經驗，出書分享，天下文化也積極配合，樂意發行，一本成功養育孩子的好書得以順利問世，相信可以提供給廣大父母寶貴的資訊。

每個孩子氣質天生，就像宇琪和宇陽這對姊弟，個性自幼大不同，為人父母雖然都愛孩子、也想為孩子好，但是教養方式需要因材施教，適時調整改變。這中間的拿捏，並不容易，相信也是許多家長非常困擾、想要了解的。

宇琪、宇陽先後獲得哈佛大學錄取，就學過程中又雙雙辦理休學，自行創業，還同時獲得法國政府二〇一六年底頒發世界青年創業獎（Young Enterprise Initiative France）的殊榮，這樣的情形真是非常少見。相信許多父母在羨慕之餘，也很好奇，要如何教養孩子，才能培育出如此優異的子女。

巾幗在書中十分有條理的詳盡說明，恰好解開大家心中疑惑。宇琪因高燒意外而體弱文靜、宇陽則愛哭愛鬧，兩個孩子出生的情形南轅北轍，這位全職媽媽在摸索中，也曾感到挫折與焦慮，但是她和先生共同確定了幾個重要原則，教養孩子順利成長，包括：第一點，父母立場一致，孩子得到來自父母的想法是相同的，不會混亂、也無法從夾縫或矛盾中，獲取「利益」。第二點，建立孩子自由的界線，透過行為改變技術的增強與消弱方式，形塑孩子良好的生活習慣與態度。第三點，在學習方面養成正確的價值觀，鼓勵孩子全力以赴，享受每項挑戰過程中的樂趣，但是不以結果論斷自己。最後，則是給孩子空間，放手讓孩子嘗試新事物，鼓勵他們有勇氣去冒險。

教養孩子不是一件容易的事。世界上沒有兩個相同的家庭，也沒有兩個孩子是一樣的。我們無法全部複製他人的經驗，即便如此，也未必得到相同的成效。不過，從別人身上學習，卻能讓我們獲得一些啟示與方法。

巾幗夫妻在教養孩子上，結合了東方父母的期待與嚴格，以及西方父母的鼓勵與信任，我們看到宇琪、宇陽姊弟優異的表現後，除了敬佩巾幗伉儷之餘，也有機會重新學習與省思，如何在教養孩子的路上更順利。

推薦序3

先是母親，然後才是教育家！

劉軒　知名作家、哈佛心理學者

在閱讀這本書的過程裡，我一直能從于巾幗的文字間，深深感受到為人父母對子女的關愛與關心。

她不是那種我自己也懼怕的「虎爸虎媽」類型的教育家，而是理性與感性兼備的母親。於是她能理性的跟讀者們坦承，虎爸虎媽的高壓教育並不是沒有效，但等孩子大了，讀完小學了，可能就也沒有效了，所以並不是教育孩子的長遠大計。

而她的文筆也不失幽默，她提到從前帶兒女在游泳班學習時，從不會拿他們跟別人比較，因為女兒總是一次通過，沒什麼好比的。而小兒子則是次次都沒通過，她也不想比！

這樣的幽默與理性教育，也難怪一對兒女，從小就拿遍大小獎項，除了在學業上表現優秀，在游泳、水球、滑雪、音樂這些課外活動上，也都表現得有聲有色。於是，兩姊弟也都先後在十六歲時，被哈佛大學提前錄取。

很多人提到哈佛，都會問我，當初怎麼進去的？

我的感受，也剛好和書裡提到女兒的哈佛經歷，不謀而合。在書中提到，在華人父母圈中，時常聽到成績特優的超級學霸卻考不進哈佛，反而一些成績尚可、積極參與各種活動的學生，意外考進了哈佛。原因就在於，比起優秀的課業成績，哈佛更在意的是健全的人格發展。

我的哈佛經驗，也正是如此。

我在紐約念史岱文森高中時，跟許多同學一樣，以哈佛為第一志願。但每年有將近四萬個學生申請哈佛，錄取名額卻只有兩千人，那時的我並不是最頂尖的學生，若以考試跟平常成績來看，我的機會絕對比那些超級資優生低上許多。

於是，當我申請上哈佛後，除了很多同學感到驚訝，我自己也曾納悶，到底我是怎麼申請進去的。而這份不明白，直到我畢業多年，回到台灣定居後，才忽然得到了解答。

某一年，我接到了哈佛校友會的電話，他們問我願不願意幫母校在台灣進行學生面試？我一口答應後，就收到了來自哈佛入學部的資料，原本以為那是一份很嚴謹的審查標準建議，但上面卻沒有寫著大家想像的超高分數、背景要求，而是一段很動人的話：「很多人認為，哈佛是在『篩選』學生，但其實我們是在『追求』那些優秀的學生。」

確實，哈佛每年花上許多資金，走遍各地，包括美國最偏遠的地區，只為找尋優秀的學生入學。他們是主動的，並非被動、高高在上的貴族。哈佛入學網站上有句話，是這麼寫的：「我們力求找出最能『教育彼此』和『教育教授』的學生，也就是那些無論在大學或畢業後的日子，都能夠啟發人心的人。」

蕭家姊弟在進入哈佛後，得到了獎學金，成了優秀的青年創業家。我認為，哈佛的生活對他們一定有正面的影響，但來自他們父親母親的培養與教育，更是優秀的主因。

優秀，確實不只是運氣。但能讀到《優秀不是靠運氣》這本書，也算得上是我為人父親角色中的一個小幸運。

現在的我，也是一對姊弟的父親，對於兒女的教育，我也有期待和許多要學習的地方。所以在此，我想把這幸運分享給更多讀者，若你想看的是一本教育子女的祕笈，那你不會失望！若你期許的是一部鼓舞人心的好書，這本書更值一讀。

PART 1 學前科學教育

別以為嬰幼兒什麼都不懂，
其實學習可以像吃東西、玩玩具一樣自然。
透過早期嬰幼兒的科學教育，
只要教導有方，
孩子的學習速度遠超過我們想像。

CEO 1

保溫箱中的體弱娃娃

「哇！破水了！」我在睡夢中驚醒，尖叫起來。身旁熟睡的老公立刻從床上跳起來：「上醫院！」我看了一眼床旁的鬧鐘——凌晨三點半。

「抱歉，妳必須回家等！現在沒有床位，等到三分鐘痛一次再來醫院。」羅莫娜醫生看著我迷惑、無助的眼神，沒忘了再加一句：「記得回家去爬樓梯！」

我和老公只好無奈、忐忑不安回家去。

「三八、三九……」我上上下下爬了幾十次樓梯，突然覺得全身發冷，眼前一黑，就從樓上摔了下去。等我醒來的時候，發現自己在醫院的急診室裡。原來我高燒超過四十度，急診室的護士立刻打電話給羅莫娜醫生。旁邊的老公早已嚇得臉色發白，而我也奄奄一息，冷得發抖。意識朦朧中，我突然聽到羅莫娜醫生的聲音，「準備剖腹產！叫小兒科專科醫生！」聽到羅莫娜醫生這幾句話後，我就失去知覺了。

羅莫娜醫生測出子宮內的溫度高達四〇・二度，刻不容緩，只見她一邊請護士準備手術房，一邊仍不放棄為我施打肌肉鬆弛藥，試圖用吸盤吸出孩子。十幾分鐘後，寶寶自然出生了，這是我們的第一個孩子——蕭宇琪。

慢人一拍的女兒

和其他新生兒不同，女兒宇琪的面色暗紅、四肢無力、沒有表情，由於吸盤的作用，小小的頭竟成圓錐狀。更糟糕的是，出生後竟然沒有大哭一聲。還來不及讓我和老公抱一下，一旁的小兒科醫生馬上將宇琪抱了過去。只見他把宇琪面朝下，放在診斷床上，拿出一個大大的針筒，一下子扎進宇琪的背，進行骨髓抽樣化驗，看看是否有病毒感染。這一扎，不是扎在宇琪的身上，簡直是扎到我們的心上。我和老公的心在淌血！抽完骨髓後，小兒科醫生轉頭對我們說：「很抱歉，你們暫時不能抱小孩，我擔心她的抵抗力太弱，會有危險。我們要馬上給她打抗生素，然後放進保溫箱裡觀察。」

這簡直是青天霹靂！醫生轉身抱著宇琪出去了。冰冷的產房裡只剩下我和老公，我們倆抱頭痛哭。為什麼會這樣？宇琪會不會有什麼問題？頭腦會不會燒壞了？她會像正常小孩一樣嗎？想想懷孕時的喜悅和憧憬，眼前一連串的問題，使得第一次做父母的我們，一下子從幸福的巔峰，跌落痛苦的深淵。

第二天一早，護士來通知我們可以去看看宇琪。我和老公興奮的跑到新生兒加護病房。一看到可憐的宇琪躺在保溫箱裡，頭上扎著抗生素點滴針頭，我的淚水馬上止不住的流下來。宇琪在加護病房保溫箱裡住了三個星期，我們每天去醫院四次，抱抱她、親親她，給她餵奶。三個星期後，醫生說，宇琪可以回家了。我和老公興高采烈接她回家，卻也開啟了另一種擔憂：她會像正常小孩一樣發育嗎？

一歲前的宇琪似乎什麼事都比同年齡的小孩慢一些。別的寶寶三個月就會翻身、六個月就會坐，宇琪卻要到五個月才會翻身、快八個月才可以坐正。她比其他小孩更愛睡，睡醒的時候，也不像其他孩子一樣活潑好動；同時也很少哭，即使哭也很小聲，感覺上連喝奶或哭的力氣都沒有。這使得我們更加擔心了。

體弱小娃，急起直追

為了測試宇琪的智力，並盡力使她趕上正常孩子的發育，我每天都特別認真的跟她說話，唸唐詩三百首給她聽。終於，宇琪對我的聲音漸漸有反應了，並試著認真聆聽。幾個月過去後，宇琪也開始嘗試說話了。我意外的發現，她雖然有些口齒不清，但記憶力卻很好，我唸的唐詩，只要重複幾遍，她就能記住。宇琪最喜歡的唐詩，是駱賓王的〈詠鵝〉：

認眞唸唐詩、唸故事給孩子聽，
孩子會對你的聲音漸漸有反應，並試著認眞聆聽。

「鵝，鵝，鵝，曲項向天歌。白毛浮綠水，紅掌撥清波。」

為了增加宇琪對唐詩的興趣，我總是拿著有白鵝的圖畫書，邊指著鵝的圖片，邊唸著這首〈詠鵝〉；我也時常帶宇琪到動物園中有鵝的池塘邊，重複唸這首唐詩，希望宇琪能明白，詩中的鵝，就是池塘邊的鵝。為了使這首唐詩唸起來更像兒歌，我將最後一個「波」字改成了「波、波、波」三個字。每回讀到「波、波、波」，我就用歡樂的聲音，配上雙手的動作，在宇琪面前上下擺動。每次唸完這首詩，宇琪總是非常興奮的和我一起假裝是白鵝，高興的揮舞雙手，齊喊「波、波、波」。

當時，我常常從圖書館借幼兒圖畫故事書，唸給宇琪聽，也常常在玩具店挑選各種各樣鮮明色彩、會發出聲音，或是具有特殊觸感的玩具，希望能多刺激宇琪的感官，促進不同部位腦細胞的發展。

偶然間，我發現宇琪特別喜歡拼圖。於是，從簡單的動物拼圖，到複雜的世界地圖，只要是她喜歡的，我都買下來。宇琪拼圖的速度非常快，甚至比大人都快。拼的過程中，宇琪像是根本不需要看拼圖上的畫面，就知道該將圖面放在哪裡。我和老公好奇的把拼圖反過來，給她沒有圖案的一面，我們才驚奇的發現，原來兩歲的宇琪拼圖的方法和大人不同，她不是按照拼圖的畫面去拼，而是記住了每個圖片的形狀和位置，所以可以快速拼好。這也給了我們很大的啟發，開始認真的從孩子的學習角度，來研究最有效率的幼兒教育方法，希望能夠幫助宇琪開發學習能力。

嬰幼兒對事物的觀察能力往往超乎我們的想像。為了更正確、更有效率的開發宇琪的腦力，我和先生認真讀了許多有關嬰幼兒早期腦力開發的書籍，以及教育孩子的相關研究論文。其中專業的知識，對我們教育宇琪的方式有極大的幫助。我和先生以新興的科學理論為基礎，配上教育心理學的實踐原則，對宇琪施行高效率的幼兒教育，希望彌補宇琪出生時的高燒意外。

我們當時無論如何不會想到，這保溫箱中的體弱娃娃，十六年後會以優異的表現，被哈佛大學提前錄取；更從沒想過，小時候木訥內向的宇琪，長大後會在哈佛就學期間，以她開朗的個性及專業知識，創辦自己的醫學生化公司，並在榮獲美國創投界著名的「泰爾獎*」後，休學創業。

教養祕笈——別以為嬰幼兒什麼都不懂

- 不畏發生在孩子身上的問題，及早找出解方，對症下藥。
- 嬰幼兒對聲音有反應時，就可以多對孩子說、多讓孩子聽。
- 不只用聲音，還可以用肢體動作、多種色彩、特殊觸感的玩具，多方刺激嬰幼兒感官。
- 嬰幼兒對事物的觀察能力，超乎想像。認真從孩子的學習角度，研究最有效率的教育方法。

---

* 泰爾獎學金（Thiel Fellowship）由美國矽谷著名投資人彼得・泰爾（Peter Thiel）創辦於二〇一一年。彼得・泰爾為PayPal共同創始者，也是臉書的第一位投資人。泰爾基金會每年從全世界幾千名申請者中，選出不到百分之一的二十歲以下創業者，並提供十萬美元獎學金，旨在鼓勵有潛力的年輕人做出突破性的創新。

CEO 2

玩是最有效的學習

「追求快樂」和「學習新知」都是人類與生俱來的本能，這樣的天性在幼兒身上更為明顯，成功的教育必須順應天性，從玩開始，「寓教於樂」培養孩子學習的熱情，以及良好的讀書習慣。

來抓小狗吧

不知是出生時的高燒意外，還是天生文靜，宇琪小時候不太愛動，比起其他同齡的孩子，活動力少了許多。俗話說「七坐八爬」，但宇琪到了九個月大，還不會爬，總坐在同一個地方，玩玩伸手就能拿到的玩具。

先生和我常常用玩具逗她，引誘她往前爬去。當時我們家養了隻可愛的小貴賓狗小莉。宇琪特別喜歡小莉，但小孩子出手沒輕沒重的，總一把抓著小莉的白卷毛，疼得牠直叫。小莉生性乖巧柔順，不敢兇宇琪，只好躲得遠遠的，盡量不靠近新來的「小惡魔主人」。

我為了激發宇琪向前爬的欲望，總抱著小莉，坐在離宇琪不遠處。宇琪看著近在咫尺的小莉，一臉興奮，兩個小眼睛閃爍著神奇的光彩，手腳並用，擺動小小的身體，一寸一寸向小莉靠近。我一邊用小莉生動活潑的樣子，引誘宇琪往前爬，一邊輕聲跟小莉說：「我們一起幫宇琪學爬，我會小心不讓宇琪抓到妳。待會給妳吃好吃的狗餅乾。」

就這樣，宇琪在狗姊姊小莉的幫助下，終於緩慢的學會了「爬」，開始以自己的方式來探索並認識周遭的世界。

終於會爬的宇琪，最喜歡去的地方就是小莉的窩——狗籠子。不論我將狗籠子放在多遠多偏僻的角落，宇琪都能立刻鎖定目標，正確又快速的朝著狗籠子爬過去，一下子鑽進去，把在窩裡睡覺的小莉驚醒，睡眼惺忪的落荒而逃。而宇琪則高高興興的鳩占鵲巢，在狗籠子裡玩著小莉的玩具，好像狗玩具比我們特意買的嬰兒玩具好玩多了。我和老公看了，真是又好氣又好笑。

抓住了宇琪愛和狗姊姊小莉搶玩具的心態後，每次我們買回來新的玩具，總是有模有樣的和小莉先玩一會兒。宇琪看了，馬上起了興趣。

接下來，我們想將宇琪的注意力帶離狗籠，便將她可以翻到的櫃子抽屜整理好，並將新買的玩具藏在其中。每次宇琪翻箱倒櫃找出了新玩具，神情滿是得意及成就感。為了進一步激發宇琪主動學習的欲望，我們也準備了多種幼教玩具，從識別顏色及形狀，到教英文及數學，放在家中各個宇琪可以翻到的地方。

宇琪在滿屋子找玩具的過程中，快速的從「學爬」到「會走」，並透過五花八門的幼教玩具，學會許多知識。更重要的是，在宇琪小小的心中，播下了「學習就是玩」的種子。

「不教」的教育

幼兒教育家瑪莉亞・蒙特梭利博士傾其畢生經驗所創的「蒙特梭利幼兒教學法」，風靡了整個西方世界，其中最重要的教學原則，就是培養幼兒學習的熱情和探索新知的精神。藉由豐富多彩的教學器材，以「不教」的教育，讓孩子親身研究、發掘知識，在自由快樂的環境中學習。蒙特梭利博士認為，老師只不過是孩子學習環境中的一部分，應該扮演輔助的角色，從旁觀察孩子的學習興趣及速度，再適時適量提供合理的幫助。

在為宇琪選幼兒園時，蒙特梭利幼兒園教室讓我們留下了深刻的印象。

不同於一般幼兒園，蒙特梭利幼兒園教室內井然有序的分成四個自主學習區：體育練習、感官教育、知識教育、日常生活教育。

「體育練習區」中有許多小型的體操器材，像跳馬、平衡木、高低桿、彈簧墊，以及組合地墊。這些迷你型的體操器材是專為幼兒們設計的，讓孩子可以在安全的環境下，利用專業的運動設備，來促進身體肌肉的發展。

「感官教育區」中有許多刺激感官細胞發展的實物，例如：不同種類的砂石、不同氣味的香包、不同味道的點心、不同顏色的花草，以及會發出不同聲音的玩偶。

「知識教育區」中分為數學教育、語言教育，以及文化教育。有類似中國的小算盤，用來學習加減法；有小小的燒杯和量瓶，用來學習科學測量；有會說多種語言的玩具電腦，用來學習語言；還有特製的小地球，用來學習世界地理及文化。

「日常生活教育區」則是一個迷你版的小家庭，有小型縫紉機、廚房用

最重要的教學原則，
就是培養幼兒學習的熱情和探索新知的精神。

具、洗衣設備等，讓孩子從小養成獨立自主的習慣，學習照顧自己、尊重環境、培養日常生活自理能力。

宇琪好愛蒙特梭利幼兒園，常常和同班的小朋友待在同一個主題學區裡，玩到忘記園裡還有其他的學習區。幼兒園老師會從旁觀察，適時的介紹不同主題學區的智能活動，用科學的教學器材，以自我求知的熱情做為出發點，引導孩子探索新知識。

電腦教育遊戲玩出學習力

另一個「寓教於樂」的方式，就是透過玩電腦遊戲來教授知識。由於我主修電腦，又對教育特別感興趣，大學期間就專注於研究用教育軟體來實施教學。當時北美知名的幼教軟體Reader Rabbit（美國教育軟體公司 The

Learning Company出品），強調以新興的教育理念為基礎，將學習的內容依難易程度分為不同等級，也和其他電腦遊戲相似，完成要求後，就可以過關，升到更高的等級。

從宇琪兩歲開始，我便常使用 Reader Rabbit來幫助她學習英文。從英文字母，到常用的英文單字，Reader Rabbit 教育軟體使用生動活潑的卡通人物，配上新穎的聲效，一下子就抓住小孩的注意力。宇琪小小的眼睛，盯著電腦螢幕，一心想過關晉級。不厭其煩的一遍又一遍反覆嘗試，完全符合了正確學習所需的重複練習。不出幾個月的工夫，宇琪已經認識非常多英文單字，並且可以自行閱讀專為五、六歲孩子寫的英文故事書。

做父母的大多認為，孩子沉迷於電腦遊戲，十分浪費時間和精力，但卻很少有人去理解，為什麼電腦遊戲可以長時間吸引孩子的注意力？孩子不都是沒耐心、不能專注重複做同一件事嗎？為什麼唯獨對玩電腦遊戲例外，可以廢寢忘食、不眠不休，一直玩下去？

據我觀察，電腦遊戲之所以能抓住孩子的心，主要有三大原因：

第一，孩子在電腦遊戲中擁有主控權。大部分的孩子在現實生活中有不自覺的無力感。更具體的說，就是孩子們隱隱感覺到，不論他們做什麼，都不會對這個世界帶來任何變化。除此之外，大人總是叫他們做這做那、學這個學那個，在現實生活中，孩子永遠是服從的被動角色。反之，在電腦遊戲中，只要輕鬆動動手中的滑鼠，或隨意按按鍵盤上的按鍵，就可以輕易主導電腦遊戲。

第二，電腦遊戲有效的利用視覺及聲音的刺激，使玩遊戲的人產生無與倫比的興奮感。正如同坐雲霄飛車一般，騰雲駕霧，刺激得令人無法自拔。

第三，也是最重要的一點，電腦遊戲大都有技能晉級的設計，遊戲者經由過關斬將產生成就感、自我實現及自我滿足。

電腦遊戲正是利用腦細胞渴望的外界刺激，及人類希望主宰環境的欲望，加上誘人的自我成就感，而創造出來的成功商品。試想，孩子如果可以像玩電腦遊戲那樣學習知識，該有多好。不過由於孩子小，很容易被電腦遊戲吸引，長時間盯住電腦螢幕，非常傷眼睛。父母應該注意孩子使用電腦的時間，不宜太長，並且只讓孩子玩與教育相關的遊戲，才可以避免其他意想不到的負面影響。

愛因斯坦曾言：「玩，是最佳的研究形式（Play is the highest form of research）。」玩是最有效的學習方式，只有在自由快樂的學習環境，以自身求知的熱情為出發點，輔以科學的教學方式，才能得到正面的成果。

教養祕笈——嬰幼兒不是只會胡亂瞎玩

- 營造豐富的學習環境，播下「學習就是玩」的種子。
- 以蒙特梭利幼兒教育法，給孩子「不教」的教育。
- 父母或老師只是孩子學習環境的一部分，扮演輔助角色，引導孩子學習新知。
- 善用科技教材，如電腦教育遊戲，寓教於樂。

3

哭是最好的運動

大概上天覺得女兒太文弱，連讓她哭都捨不得，生怕多浪費她半點力氣。就在宇琪兩歲多的時候，我們又迎來了一個兒子宇陽。我們都叫他小虎，一是他生於虎年，二是他出生時，比一般小孩大很多，像隻小老虎似的身強力壯。

長大後的宇陽，性格溫和開朗，總是笑笑的，參加許多激烈的競賽，還常拿到令人羨慕的好成績。朋友們都說我是個幸運的媽媽，可沒有一個人想像得到，兒子小時候可是個性格暴躁、隨時隨地扯開嗓門大哭不止的小惡童。

一個像天使，一個像惡魔

生宇陽之前，我還以為小孩都是像宇琪一樣，安靜而乖巧。宇琪到現在都還記得弟弟小時候是如何不管時間、不分場合，隨時隨地嚎啕大哭，常常連著哭喊一兩個小時，氣都不喘一下，好像永遠有滿腹委屈，一定要所有人都注意到他對這世界有多不滿。

做為一個年輕媽媽，宇陽似乎是上天派來考驗我耐心和愛心的小惡魔。我試著用教女兒的方式教他、陪他唸圖畫書，他一下就把書搶過去撕了，然後開始大哭；我買了音樂吊飾掛在他的娃娃床上，他也一把用力拉斷，丟在地上；我帶他去公園散步，一不合他的心意，他便躺在草地上連滾帶爬撒野。就這樣，我常常被宇陽持續而驚人的哭鬧煩得快瘋了。有些時候，看著宇陽哭鬧的樣子，真想把他丟到垃圾桶裡。

宇琪三歲那年的某個冬日，我帶著她去社區活動中心上游泳課。宇琪在游泳池裡學仰泳，我就抱著八個月大的宇陽，坐在游泳池旁邊的椅子上等候。大概是等太久，宇陽有些不耐煩，開始在我懷裡掙扎，並大哭起來。一不小心，他竟然一把拉下座位後方的消防警報器。頓時鈴聲大作，救生員趕快叫正在游泳的人們上來，要所有人立刻移動到冰天雪地的室外。我被這突來的情況嚇到了，一時不知所措，再看看懷裡的宇陽，他大概也被鈴聲嚇到，停止了哭鬧，好奇的四下張望正往室外奔走的人群。

我抱著宇陽，趕快跑到救生員旁邊，試著向他解釋，是我小孩不小心誤觸消防警報，不需把大家都趕到寒冷的戶外去。沒想到救生員說，只要消防警報響起，在任何情況下，所有人都必須馬上撤到室外，這是加拿大政府的規定，而且消防車馬上就會抵達現場。

我的天啊！我走到屋外，看著身著泳衣、披著外套、在寒風中瑟縮發抖的宇琪和其他小朋友們，我真是無地自容、欲哭無淚。

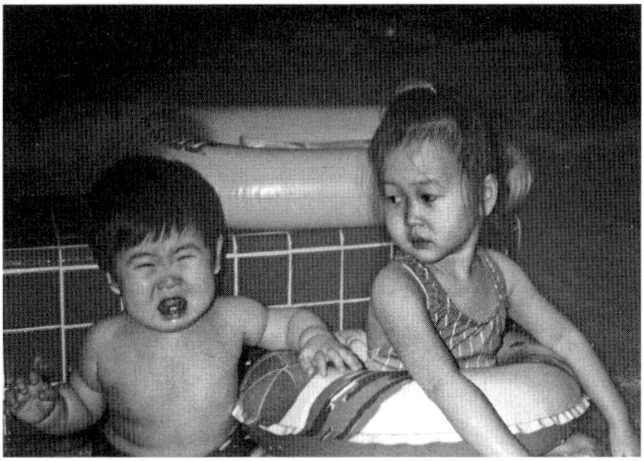

於是我開始翻閱有關嬰幼兒哭鬧的書，發現嬰幼兒的情緒控制教育必須從襁褓中開始。在嬰幼兒的啟蒙教育中，情緒控制是很重要的一環。嬰幼兒時期不只是腦智能開發的關鍵期，更是情緒教育的黃金期。許多英文教育書籍也不約而同提到，哭是孩子最好的運動，有些娃娃天生有些過動，哭是他們情緒和身體發洩的最好途徑。父母不必對小孩哭鬧過分擔心，也不必因為小孩在大庭廣眾下哭鬧，覺得沒面子而過度自責。

孩子為什麼哭鬧？

但是父母也不是就這樣放任孩子、撒手不管，而是要盡量分清楚孩子為什麼哭鬧。

如果是因為身體的需要，像是餓了、尿布溼了，就要盡量滿足；如果只是情緒化的胡亂哭鬧，就不必理會，堅定立場。

父母也需理解，每個孩子對於情緒的表達方式都不同。

有的孩子像宇琪一樣，天生性情平和，喜怒哀樂的表達也較為和緩；有的孩子則是像宇陽一樣，天生精力充沛、感情豐富，情緒的表達也非常極端，稍不順心，便大哭大鬧。這樣的孩子如果不及早施予情緒管理教育，容易養成任性、執拗、侵略性、攻擊性等偏頗性格，未來在社會上與人相處都可能成問題。

宇陽出生後那段時間，正值老公白天要上班、晚上寫博士論文的忙碌時期，無暇為我多分擔些，宇陽還時常不分晝夜、沒有緣由的大聲哭鬧。當時為了怕吵到老公短暫的睡眠時間，我便帶著宇琪宇陽睡在另一個房間。宇琪通常是很乖的，可有天晚上，不知為什麼，在我好不容易哄睡了宇陽，總算可以跟著小睡片刻，宇琪卻突然驚醒，小聲的哭了一下，立刻就將剛睡著的宇陽吵醒，大哭了起來。我實在又累又氣，便無力的坐在床上，跟著他們一起哭。

如果宇琪是因為出生時的意外，導致感官神經發育較慢，聽覺不夠敏銳，所以總是睡得踏實安穩，那宇陽就是感官神經發育得太好了，聽力極其敏銳，針尖掉到地上的細微聲響，都足以驚醒他。這可能就是宇陽自小總沒來由大哭的原因之一。

排除了生理需求與天性等因素之後，幸好大多數時候，我並沒有因為怕孩子哭鬧而慣壞了他們。我只在一開始稍加安慰，並釐清原因，如果孩子依然故我，我便不再理睬。

許多父母及祖父母，深怕孩子「哭出病來」，只要小孩一哭，就全家竭力去哄。這樣不但剝奪了孩子以哭來發洩情緒的權力，往往也令孩子到頭來忘了自己為什麼哭，反而把哭當作要脅父母的手段，來達到為所欲為的目的。

給孩子有限制的自由

西方幼兒教育書籍常提到所謂的「兩歲反抗期」（Trouble Two），說明兩歲左右的孩子，總對照顧他們的人說「不要」。這個反應，正是在試探他們的自由是否有界限。即使是兩歲的幼兒，也希望主宰自己的一切。幼兒教育家蒙特梭利博士特別指出，必須給幼兒「有限制的自由」，絕不能因為怕孩子哭而任其為所欲為。宇琪只會溫和的試探一下自由的界限，宇陽則不然，兩歲多的他難教極了，總以大哭大鬧為手段，來擴張自己獨立自主的版圖。

有一次，宇琪用優酪乳的瓶罐做了一個像汽車一樣的小玩具，要繳到學校當美勞作品。宇陽看了喜歡，非要搶過來玩，我們好言相勸，說姊姊費了好多工夫做的作品，要繳給老師評分的，不能給他玩，但我們可以去買個類似的小汽車給他。但宇陽說什麼也不聽，躺在地上大哭，聲音大到連屋頂都

給孩子「有限制的自由」，
絕不能因爲怕孩子哭鬧，而對錯誤的行爲加以鼓勵。

要震掀了。

這下，我們再沒人安慰他了。等他大哭了一個多小時，終於哭累了，我便正經嚴肅的告訴他：「大哭撒野絕對得不到你要的，原本我們想給你買個玩具小汽車，但因為你無理取鬧，什麼玩具也不買了。」兩歲多的宇陽，雖然不全了解我的道理，但卻深刻的明白了，大哭大鬧不但得不到他想要的，連原本可以有的新玩具，這下也哭沒了。

哈佛心理學教授史金納（B. F. Skinner）提出的教育心理學理論「操作制約理論」（Operant Conditioning），指出「鼓勵」（reinforcement）及「懲罰」（punishment）的重要性。如果父母能夠持續對孩子好的行為，予以鼓勵，那麼這種好的行為，在孩子心中就會透過鼓勵與增強而被學習，從而成為習慣。相反的，如果父母能夠持續對孩子不好的行為，施以懲罰或不予理會，孩子就會避免做出這類行為。久而久之，在孩子心中就形成了條件反射，多做會被鼓勵的事，而不做不好的事。

對於哭鬧的嬰幼兒，如果是像宇陽這樣情緒反應過於劇烈，絕不可以因為溺愛而縱容，必須使他明白，無理的胡亂哭鬧，是不會有人搭理的。哭是孩子最好的運動，家長如果過份關心，讓胡鬧的孩子為所欲為，便是變相的對他們做錯的事而加以鼓勵，是不可能有機會實踐成功的教育。

教養祕笈——別因為孩子哭鬧就失了原則

- 正向鼓勵：孩子做出好的行為，就增加他喜愛的（通常是愉快的）刺激。如：給予獎勵。
- 負向鼓勵：孩子做出好的行為，就減少他不喜歡的刺激。如：愈快完成功課，練習時間愈短，就能愈快去玩。
- 正向懲罰：孩子做出不好的行為，就增加他厭惡的刺激。如：亂丟玩具，就整理房間，直到不再髒亂。
- 負向懲罰：孩子做出不好的行為，就減少他喜愛的刺激。如：大哭大鬧，就不買玩具。
- 不予理會（Extinction）：孩子做出不好的行為，就停止所有刺激。如：無理哭鬧時，不予理會。

CEO 4

乖不乖，決定在三歲

自從宇陽出生後，我們家就無時無刻不充斥著震耳欲聾的哭鬧聲。宇陽還不會說話時，我們甚至擔心過他是不是身體哪裡不舒服，說不出來，只好用哭來表達。

但到了宇陽兩三歲大，開始會說話，並正確的表達自己想法時，我們才真正確定他的大聲哭鬧，不是因為身體不適，而是因為有太多「不想做的事」。

舉凡不想待在嬰兒床上睡覺，不想坐在娃娃車裡出門，不想看兒童節目，不想去公園玩，不想聽爸媽唸故事書，不想上幼兒園，不想學游泳，不想上幼兒溜冰課……，這也不要、那也不要。一般孩子喜歡的一切幼兒玩樂活動，宇陽都不愛，還常以大聲哭鬧來強烈反抗。

宇琪小時候，最愛看美國著名的電視幼教節目「邦尼和他的朋友們」（Barney & Friends），劇中玩偶主人公邦尼透過有趣的兒歌及生動的舞蹈，將A、B、C、D和1、2、3、4等等基本知識，邊唱邊跳的介紹給小朋友們。宇琪常常坐在電視機前，高興的跟著邦尼又唱又跳。奇怪的是，宇陽到了同樣的年齡，卻極其討厭看邦尼，只要我一打開這個深受歡迎的兒童節目，宇陽就像是看到什麼驚悚片一樣，立刻張嘴大哭。

宇琪小時候，就像絕大多數的孩子，喜歡我們唸故事書給她聽。等宇陽到了相同的年齡，我拿著相同的故事書唸給他聽，宇陽不但不喜歡，還激動的把故事書一把搶了去，用力丟到老遠的地方，氣呼呼看著我，彷彿在說：「告訴你多少遍了，我不要聽這個。」

我帶著宇陽去參加溫馨有趣的親子游泳課，當別的小孩子跟著游泳老師，在專為幼兒設計的迷你游泳池裡，高興的和媽媽吹著泡泡、玩水嬉戲時，宇陽卻一動也不動的，站在於游泳池旁，使勁抓著我的手，放聲大哭，說什麼也不要下水去試一試。

「不乖」的孩子

以前我和先生研究幼兒教育時，總是著重於開發腦智能及學習潛力，想著如何能有效率的幫助宇琪在語言、數字、人文、科學各方面，快速的增加她的知識及能力。並安排宇琪參加各種幼兒體育活動，像跳舞、游泳、溜冰、滑雪等，來鍛鍊並開發身體各部位肌肉及神經的協調性。宇琪也十分乖巧，除了有些過份文靜，但非常受教，真是學什麼、像什麼。

宇陽出生後，我們才真正見識了「不乖」的孩子，不論我們在家教他什麼，他都大哭抗議，堅決不學。送他去參加幼兒游泳及溜冰課，就整堂課胡亂大聲哭鬧，常常嚇得沒有老師願意教他。

為了改變宇陽頑劣罷學的天性，我和先生便開始認真研究「如何讓不乖的孩子聽話」。

當我們開始翻閱有關這方面的專業幼教書，驚訝的發現，原來格外重視兒童權益的西方世界，竟然有許多關於「父母的權威」（Parental Authority）及「幼兒的服從」（Toddler Obedience）的幼教教學報告。專門幫助像我們這樣，被孩子鬧得不知所措的父母，教導我們如何即時糾正孩子的態度和行為。西方幼兒教育對幼兒不分場合、時間，胡亂大哭大鬧的行為，賦予了一個專有英文詞組「Throw a Tantrum」（有大發脾氣之意），並且明確指出，如果不及早糾正，將來會有嚴重的人格發展問題，無法形成正常的人際關係。

建立父母的權威

三歲是孩子心理成長的重要階段，通常這個年齡的孩子，正準備跨出家庭，邁入幼兒園所準備的學校教育，開始與年齡相近的其他小朋友相處，學習除了和親人以外的朋友及老師互動。在知識學習方面，也將由隨意自由的家庭教育，轉變為系統規範的學校教育。在零到三歲的嬰幼兒階段，父母要以早期家庭教育，為孩子培養合理的性格，及良好的互動方式。有鑑於此，我和先生下定決心要在宇陽三歲前，教會他「幼兒的服從」，以及豎立我們的「父母的權威」。

立定了教育宇陽的方針後，我和先生不只是要消極的讓宇陽明白，大哭大鬧得不到他想要的。更要積極教育宇陽，該做的事、該學的東西，一定要做、一定要學，無論如何撒野，也不能抵賴。

以唸故事書為例，兩歲大的宇陽，總想一把將故事書搶去，使勁丟到一邊。擺明了一付要建立「幼兒權威」，好像在告訴我們，他才是「老大」，他說了算。為了糾正他，我們不但特意緊握著書，不給他有機會搶過去亂丟，還更大聲的唸書中的內容。剛開始，宇陽搶不到書，氣急敗壞的放聲大哭，我們就不搭理他，任由他獨自哭鬧。直到他哭累了，我們又拿起同一本

該做的事、該學的東西，一定要做、一定要學，
無論如何撒野哭鬧，也不能抵賴。

書，接著大聲的唸故事給他聽。這樣反覆幾次後，宇陽就明白，哭鬧也是白費力氣，不如一開始就安靜聽故事。消除了宇陽想讓父母服從的心態，他才真正能靜下心來，聽聽我們為他唸的故事書。慢慢的，他好像也開始喜歡聽這些有趣的童話故事了。

你看多好玩，一點也不可怕

溫哥華是個熱愛戶外活動的城市，這裡的許多父母從小就送孩子去雪山學滑雪，市區內的三座雪山，都有特別為幼兒準備的學習滑雪區，設施十分現代化，並且有完善的安全設備。

三歲左右的孩子，學滑雪似乎比學走路還容易。他們從坡度不大的小山丘滑下來後，便拿著自己的小小滑雪板，走上像大賣場推車用的電扶梯一樣、專為初學孩子使用的電動「魔毯梯」（magic carpet lift），回到了山坡上，再重新穿上滑雪板，高興的滑下小雪坡。看著別的小孩都一趟趟玩得盡興，輪到了宇陽，卻又成了驚恐可怕的活動。

首先，宇陽站在雪坡上，根本不願往下滑，幸好有姊姊宇琪在前面，邊哄著他，邊做示範，宇陽也就戰戰兢兢、勉為其難的滑了下去。

接下來，又有了新的挑戰，宇陽根本不走上雪地中的魔毯梯。可能是看梯子在雪地中不停運轉，宇陽深怕走上去就下不來了，便站在一旁，說什麼也不上去。其實加拿大是最注重幼兒安全的國家之一，魔毯梯的速度又很慢，絕對沒有危險，而且初學滑雪多會利用便利的魔毯梯，才能把握時間充分練習。

先生看著宇陽站在魔毯梯旁說什麼也不走上去，氣急敗壞的在雪山上對著宇陽大吼：「宇陽，你立刻走上魔毯梯，不然我推你上去！」身旁好多學滑雪的小朋友及滑雪教練，都被先生嚴厲的責罵聲吸引過來，盯著我們看。

我明白先生心中的生氣及焦慮，他不只擔心宇陽學不會滑雪，更生氣自己的兒子膽子太小，沒出息。在北美，不只不能在公共場所打孩子，也不可以大聲罵孩子。否則，旁人一通電話打去告你虐待孩童，社工人員馬上就來把孩子領走，並且對父母進行心理調查。我怕事情鬧得不可收拾，趕緊叫先生不要管了，帶宇琪去滑雪，由我來陪著宇陽。

為了避免引起旁人的注意與干涉，我壓低聲音，用堅定的眼神對著宇陽說：「你今天一定要像其他小孩一樣，學會用魔毯梯。」或許是在白茫茫的一片雪山中，看到爸爸和姊姊都走了，宇陽心中可能害怕，如果不聽媽媽的話，待會媽媽也走了，該怎麼辦？也或許是我們對宇陽的「父母的權威」的教育起了作用。總之，宇陽心不甘、情不願的邁出步筏，走上了魔毯梯。我趕緊抓緊機會鼓勵他：「太棒了，宇陽，你看，多好玩，一點都不可怕。你和姊姊一樣，會滑雪了。」

有一句古話：「三歲看大，七歲看老。」意思就是說從三歲孩子的性格和態度，就能看出這個孩子在青少年時期的發展及成就，而七歲的孩子，聰明才智及生活習慣已經開始形成，很容易看出這個孩子中年以後的事業及功績。

孩子可能在小的時候，因為各種不同的原因拒絕學習。做父母的，在排除掉孩子生理心理上的基本需求後，一定要正視這個問題，千萬不能以「孩子還小」做為藉口，原諒並且縱容孩子不當的行為。

教養祕笈——別以為孩子還小就能任性妄為

- 孩子的哭鬧，正是在測試父母的底線。
- 排除掉生理心理上的基本需求後，孩子不論怎麼大哭大鬧，是不可能得到他想要的。
- 在嬰幼兒時期，教會孩子「幼兒的服從」，並豎立「父母的權威」。

不能以「孩子還小」做爲藉口，
原諒並且縱容孩子不當的行爲。

CEO 5

寶寶天生愛數學

「One, Two, Three……」剛學會自己用手抓著嬰兒餅乾往嘴裡放的宇琪，一邊用她仍顯笨拙的小手，高興的從餅乾盒裡一個又一個抓出她愛吃的餅乾，一邊口齒不清的大聲說著數字，彷彿自豪的告訴我們：「看！我可以自己拿出這麼多好吃的餅乾，我長大了，會自己吃東西了！」

嬰幼兒有天生數感

沒學過數學的小寶寶，其實比大人的數字概念還強。三歲以前的小娃娃，右腦比左腦發達，西方科學家稱為「右腦主導」（Right-brain Dominance）。人類的右腦主管情感、音樂、顏色、圖片、天性及創造力，總的來說，就是主管「知性藝術」；而人類的左腦主管計算、邏輯、推理、判斷等等能力，也就是主管「理性分析」。

由於嬰幼兒的言行是由右腦主導，他們可以不用計算，就能夠自信且準確的得知「數量」的多寡。成人也有這種能力，但我們只能準確的說出較小的數量，例如五到八個。數量再多一些，我們就必須一個一個數，才能知道確切的數量。小寶寶可比我們厲害多了，他們可以不用數，只看一眼，就能確切的知道數量，只是小寶寶沒學過數字，無法告訴我們。這樣不用數、一眼就能判斷出數量的能力，在西方科學界有個專有名詞，叫「直接數感」（subitize）*。隨著孩子逐漸長大，右腦主導的能力會在三到四歲逐漸轉為「左腦主導」（Left-brain Dominance），寶寶驚人的天生數感，如果沒有適當開發，也會逐漸喪失，無法復得。

數感的能力也可以用「照片式記憶（photographic memory）」來理解。如果我們將寶寶愛吃的糖果分成數量不同的兩堆，一堆十顆，另一堆二十顆，從沒學過數字的小寶寶會立刻爬向多的那堆糖果。如果寶寶會正確表達出看到的數量概念，一定會氣呼呼的對我們說：「你們當我傻啊！十顆糖還是二十顆糖，難道我不知道要選多的嗎？」

吃雞塊，學數數

就像大部分的小女娃，宇琪小時候不大愛吃飯，無論我們怎麼認真餵，宇琪總是磨磨蹭蹭，坐在餐桌前大半天，也吃不進多少東西。我們怕她吃不夠，營養不良，所以吃一餐飯總要用耗一兩個小時，非常浪費時間。直到宇琪會自己用手抓東西吃，情況才開始好轉。

*一九四九年由考夫曼（E.L. Kaufman）等人提出，源自拉丁形容詞「subitus」（有「突然」之意）。直接數感是指對數量有快速、準確和自信的直觀判斷；當數個物體同時出現在眼前時，能夠快速感知視覺範圍內的物體數量。

北美有許多嬰幼兒食品，都是「finger food」，也就是不需用餐具，適合小寶寶自己用手拿著吃的食物，例如：炸雞塊、起司條、麥片餅乾等等。只要把小寶寶的手洗乾淨，他們就可以自己坐在帶有小餐桌的兒童餐椅上吃。

為了吸引宇琪多吃點東西，也為了充分利用宇琪過長的吃飯時間，我時常和宇琪一邊用炸雞塊數數，一邊哄著她多吃點。

「宇琪，數兩個炸雞塊給媽媽，再數一個，現在一共有幾個炸雞塊啊？」

「三個！」宇琪用她可愛的小手，一個個數出兩個炸雞塊，接著又數出一個，然後高高興興的說三個。

「好棒喔！你可以從這三個炸雞塊中選一個來吃，那麼現在剩下幾個了？」

「兩個。」宇琪充滿自信的說。

新生兒的右腦主導能力，令他們有著不為人知的清晰照片式記憶，僅看一眼，就可以憑直覺判斷出數量多寡。但是數數字（counting）對幼兒來說，卻是十分抽象的觀念，需要經過左腦的分析理解。

想讓孩子提早明白數字的真正意義，並且進一步學習「加、減、乘、除」四則運算，適當的利用像炸雞塊這種孩子愛吃的具體食品，不但能加速孩子對數字運算的理解，也可以在不知不覺中，讓孩子把學數學與好吃的炸雞塊連想在一起，激發孩子對學習數學的熱情，真是一舉兩得，可說是最好的數學啟蒙教育。

玩樂高，學運算

成功的數學教育，必須善用嬰幼兒天生對數量的直覺性來引導開發，並且正確理解抽象的數字運算法則，助孩子自然而然從直覺感受，轉為分析判

善用嬰幼兒天生的直覺性，
來引導開發數學能力。

斷。

宇琪小時候，我們常買各式各樣以數學為主題的玩具，有玩具算盤、數字積木，還有會說話的數學玩偶。透過這些有趣的教學玩具，宇琪對數學更感興趣了。

我們也常用樂高玩具的拼裝積木，當做教數學加減乘除的實物教材。例如三乘五，我們就用樂高組裝三條五個合在一起的積木條。一個個容易組裝及拆解的樂高玩具積木，最適合用來解釋「加」和「乘」的關係，以及「減」和「除」的關係。

宇琪常常得意的拿著她拼好的積木，告訴我：「媽媽，你看，四乘六是二十四。我拼四條有六個樂高玩具積木的玩具組，總共用了二十四個樂高積木。」

不同的孩子，學習誘因大不同

到了教宇陽的時候，學數學就沒那麼容易了。首先，宇陽很愛吃東西，如果我們試著拿走他的食物、教他數學，他便像小動物保護食物一般，用手圍著他要吃的東西，不讓我們碰。如果我們用學數學的玩具來教宇陽，他總是胡亂玩，完全不按照數學玩具指示的方法來學習。如果我們讓宇陽拿樂高玩具積木拼三個五，他則理都不理我們，調頭就走。相較於宇琪的受教，我看到宇陽這樣隨興而為，一點都不聽話，真是又急又氣。

網路上曾經廣為流傳一支短片，畫面中有個大約五歲的小女孩，被媽媽嚴厲的逼著背九九乘法表，卻總是背不起來。小女孩一直出錯，索性躺在地上哭鬧，看了不禁懷疑：「讀書真有這麼苦、這麼難嗎？」其實，背九九乘法表根本不算是學數學，只能算是訓練與數字有關的記憶力。嬰幼兒時期的數學教育，必須清楚解釋「數」的概念，而不是逼著孩子強記死背九九乘法表。姑且不論這個小女孩的記憶力到底夠不夠好，光看她哭鬧著躺在地上，就知道她有多麼不願意背九九乘法表，更別希望她確實了解「數」的概念了。

有一天，我像平時一樣鍥而不捨的用樂高積木教宇陽乘法的概念，在我們家客廳的桌面上，整整齊齊堆了六根由八塊積木拼成的樂高柱子，想教宇陽六乘八等於四十八，結果宇陽仍是「有看沒有到」，對我堆的樂高玩具不理不睬。

心想今天又要無功而返了，我無可奈何的一把推倒自己搭的樂高柱子，並且不大高興的提高聲音說：「Knock Down（摧毀）！」沒想到這突來的舉動，卻吸引了宇陽的注意，他喊著也要來「摧毀」拼好的樂高玩具組。

這下，我們終於找到了教宇陽數學的方法。不像宇琪會自己主動拼好，我們總是反過來，先在桌面上拼好各種要教宇陽的積木數字組，例如三乘

向嬰幼兒清楚解釋「數」的概念，
而不是逼著強記死背九九乘法表。

五、四乘六等等，並要求宇陽答對了，才可以一舉「摧毀」。

顯然，搗毀排列好的樂高玩具組，給小小的宇陽極大的滿足感及成就感，而他總是為了毀掉一切，好好的數我們拼好的樂高玩具組，並且逐漸學會了數學四則運算。

看到「摧毀」這個動作，可以帶給小小的宇陽這麼大的快感，也就不難理解，為什麼那些充滿暴力的電玩遊戲，可以使無數的小男孩上癮著迷。雖然以此成功吸引了宇陽學數學的運算概念，但用「摧毀的快感」來引誘小孩子，始終不是長久之計。幸好，隨著宇陽一天天的長大，他開始對玩具小汽車有了濃厚的喜好，總是將

他喜歡的玩具小汽車，一列一列整整齊齊的排在地毯上。排列好的玩具小汽車，正好適合用來教數學。

我們時常利用不同型號的玩具小汽車給宇陽，透過不同的排列，清楚的向宇陽解釋數學運算的抽象概念。在此同時，為了培養宇陽學習科學的耐心及專注力，我們還買了玩具小汽車的立體賽車跑道，不只利用玩具教數學，連基礎物理中的牛頓運動力學，也在邊玩邊學的歡樂氛圍下，一併教給了當時仍不到五歲的宇陽。

科學研究在在證實，我們的大腦是愈用愈靈活，孩子則是愈教愈聰明。剛出生的寶寶，有著我們想像不到的數學能力，如果我們能用寶寶喜歡的食物或玩具，加強他們與生俱來對「數量」的直覺認知，並且透過循序漸進的數字教育，由最簡單的數數開始，到加減乘除等基本的數學運算，數學教育可以從嬰兒時期就穩穩扎根。

三到四歲之後，就會逐漸轉為左大腦迅速發展的時期，唯有及早開始教小寶寶數學，才能保留初生時右大腦賦予我們的驚人觀察力。生動有趣的早期數學幼教，正能提供左大腦發育成長時所需的知識刺激，開發嬰幼兒的分析及理解能力，為將來學習其他的推理性智識打下良好基礎。

寶寶天生愛數學！父母別以為孩子小，什麼都不懂。寶寶學數學，就像他們學吃東西、學玩玩具一樣自然。只要引導有方，他們對數字的理解速度，遠超過我們的想像。

教養祕笈——孩子的數學理解能力，超乎想像

- 嬰幼兒就有天生數感，適當開發，引導理解抽象概念。
- 把孩子喜歡的東西和數學做連結。
- 嬰幼兒的數學教育，重點在於理解「數」的概念，而不是強記死背運算法則。

CEO

6

閱讀神燈在哪裡？

「哇！我們贏得了全國第三名！」

從多倫多打來的長途電話，傳來宇琪興高采烈的歡呼聲，她和隊友代表卑詩省參加加拿大「全國高中百科知識大賽」（Reach For The Top knowledge trivia）總決賽，榮獲第三名。

這次獲獎，不只是為卑詩省爭光，更令加拿大西海岸各省都與有榮焉。像這樣大型的全國高中知識大賽，往往是被東部的大城市，如多倫多、渥太華，滿地可等地的代表隊獨霸壟斷，那裡的孩子從小由老師帶領，專門訓練。而處於大溫哥華地區的卑詩省，和其他加拿大西海岸各省一樣，對於孩子的教育普遍崇尚自由發展，沒有像東部大城市那般有計畫的集中有潛力的孩子，進行專業訓練的概念。

宇琪被選入卑詩省代表隊，在全國高中知識大賽中獲得佳績，完全是靠著自己以及隊友自發性的廣泛閱讀大量書籍，包括天文、地理、哲學、音樂、體育、科學、古典文學、詩詞歌賦等等包羅萬象的知識，憑藉著閱讀群書的熱情，以及近乎過目不忘的本領，才能脫穎而出。

從認英文字母，拼英文單字，到讀英文書，成功的早期語文教育，使得宇琪從小就對閱讀有著濃厚的興趣。

從小是個小書蟲

宇琪小時候最愛去圖書館，總是高高興興的穿梭在琳瑯滿目的書叢中。溫哥華的社區圖書館都設有兒童閱讀區，五花八門的兒童讀物，按照孩子的年齡，井然有序的排列在書架上。一張社區圖書館書卡，一次可以借二十五本兒童書籍，每次去圖書館，我總是帶著一個結實的大袋子，裝著滿滿一大袋書回家。書中的內容，有童話故事、文學創作、生物科學、天文地理，應有盡有，配上色彩鮮活的圖片，生動有趣。通常不到一個星期，宇琪就全讀完了，還會催著我再去圖書館借書。

宇琪上幼兒園時，教室裡擺著許多幼兒圖書。當同班小朋友連A、B、C都還不認識，總是等著老師唸有趣故事書給他們聽時，宇琪已經會自己讀教室書架上的書。有時老師忙不過來，就讓宇琪唸故事書給同學們聽，小朋友們總是既崇拜又羨慕的聽著宇琪唸故事，圍著她問：「你怎麼認識那麼多字？怎麼會讀那麼多書？」從小就養成良好的閱讀習慣，絕對功不可沒。

受到同學和老師的鼓舞，在宇琪小小的心靈中，覺得「會讀書」真是件值得驕傲的事。從那以後，宇琪總是書不離手，成了名副其實的「小書蟲」。

喜歡閱讀不但能豐富智識，對於習得其他能力也有非常大的幫助，例如寫作能力。有這麼一句說法：「閱讀先於寫作（Writing comes after reading）。」閱讀大量的文章，才能擁有足夠的知識，發展出獨特成熟的思想，進而善用文字語句，精準表達自己的想法。

北美教育界非常注重寫作能力，即使是想主修理科的學生，如果過不了寫作這一關，就什麼大學都別想讀了。申請美國大學，寫篇好的「論文（essay）」是進入所有大學必備的要素。常有課業成績不甚理想的孩子，因為寫了一篇傑出的論文，而進入好大學，卻極少有課業成績優異、但寫不出好論文的學生，可以進入頂尖學府。北美教育界的觀念是：不論你的學習專業是什麼，都要靠寫文章明確表達自己的想法，來與人交流溝通。所以不論是主修文科或是理科，都必須會寫好論文。養成良好閱讀習慣的重要性，可見一斑。

「讀書」和「讀懂書」是兩回事

相對於姊姊的博覽群書，閱讀對於弟弟宇陽，就不是那麼輕鬆自然的事

寫好文章，要從良好的閱讀習慣開始。

了。宇陽從小就不受管教，英文、數學、音樂、體育，不論我想教什麼，得到的都是劇烈的哭鬧反抗。我和先生經過仔細的幼兒心理研究，認為宇陽的問題，不在學習的內容，而是學習的心態。他以「反抗學習」，對父母想讓他做的所有事說「不」，來展現他的「幼兒權威」。有了這樣的體認，我和先生更堅定的要為宇陽打好閱讀的基礎。

儘管我們狂逼死壓的強迫幼兒時期的宇陽，像姊姊一樣的學習英文字母和單字，但由於缺少發自內心的主動性，學習成效不彰，勉強逼出了個「不落人後」。但宇陽顯然從小就不愛閱讀，就連一般小孩都喜歡的童話故事書，他也碰都不碰。

而每個階段的閱讀，所需的字彙量均不相同。從小愛讀書的宇琪，不需特別背難度高的英文單字，在博覽群書的過程中，自然有機會增加多種知識領域的英文字彙量。會的英文單字愈多，閱讀各類英文書就愈容易，日復一日，像是個大吸鐵一樣，迅速藉由閱讀累積智識。讀的愈多，懂得愈多；懂的愈多，愈激發讀的熱情。宇琪的閱讀經驗，正是「閱讀的良性循環」。

宇陽的情形正好相反，不愛閱讀，英文字彙量愈少，不會的英文單字愈多，愈讀不懂，也就愈不愛讀。缺乏閱讀，自然肚子裡墨水不夠，寫不出好文章。先生和我看著不愛讀書的宇陽一天天長大，心中的憂慮也日益加深。

為了避免天生不愛閱讀的宇陽，走入「閱讀的惡性循環」，我和先生常常規定宇陽閱讀各類書籍，有英文文學、人文科學，以及自然科學，但因為沒個評量標準，他眼睛盯著書，但實際有沒有讀進去，我們根本無從得知。而背英文單字就不同了，可以定時定量，還可以輕易的測驗成果。所以，我們幫助宇陽增進閱讀能力的第一步，就是搜集各個領域的必背英文單字，要求宇陽熟記，並反覆考試，來確定他真的都背熟了。

「讀書」和「讀懂書」其實是兩件事，讀書的人很多，但真正徹底明白所讀內容的人，卻寥寥無幾。

為了進一步幫助宇陽真正「讀懂」所讀的書，我們常常會找短篇的英文

讀書的人很多，但眞正徹底明白所讀內容的人，
卻寥寥無幾。

文章，規定宇陽計時讀完。且為了方便測試，我們找的英文短文，都有針對內容要回答的問題。

這樣一來，宇陽必須真的「讀懂」文章的內容，就算想亂讀一通，矇混過關，也沒法取巧了。

發自內心的閱讀動力

機會永遠是留給準備好的人，正當我們不知該如何進一步激發宇陽對閱讀的熱情時，宇陽的學校，為了鼓勵小朋友多讀書，舉辦了一個全校性的大型閱讀競賽。誰能在固定時間內，讀完競賽規定的書籍，並答對最多問題，就是大獎獲勝者。

這個比賽，正好和我們平時訓練宇陽閱讀的方法不謀而合，宇陽輕輕鬆鬆就得了第一名，得到全校老師的讚賞和同學們的欽羨目光。這下大大的增加了他對閱讀的興趣，以及自己的信心。

有了發自內心的閱讀動力，加上雄厚的英文單字基礎，宇陽終於跟上姊姊宇琪的腳步，成為一個好讀書、有想法的學生。高中時期，姊姊及她的隊友們在我們家為全國高中知識大賽做賽前準備時，宇陽總是充當讀題目的老師，跟著姊姊和隊友們一起練習。遇到不會的內容，就一起去翻閱百科全書，既準備比賽，又學習知識。宇琪上了哈佛後，宇陽不但繼姊姊之後，成為學校高中知識大賽代表隊的隊長，更自己主動與好朋友結伴，參加需要更多文科閱讀知識的辨論隊。為了能夠在辨論比賽中說出自己獨到的見解，宇陽時常閱讀與辨論比賽主題有關的各類書籍，成為一個名副其實博覽群書的學生。

每個孩子的成長過程及學習方式都不相同，不論是像宇琪這樣從小看書的孩子，或是像宇陽這樣從小排斥讀書的孩子，想要擁有過人的英文閱讀能

大量高程度的字彙，
是開啓閱讀之門的金鑰匙。

力，成功的步驟都是一樣的。

大量高程度的英文字彙，是開啟閱讀之門的金鑰匙；確實明白所讀文章的內容，更是不可或缺的要素。透過朋友之間的互相切磋，及各樣學術競賽的激勵與成就感，學以致用，才能事半功倍，讓孩子發自內心的熱愛閱讀。

每個孩子的心中，都藏著一盞「閱讀神燈」，只要我們有耐心也有決心的幫孩子找出來，這盞「閱讀神燈」就能為孩子照亮前途，走向成功的大道。

教養祕笈——打造閱讀的良性循環

- 閱讀先於寫作，要先大量閱讀，發展獨特成熟的想法，才能以文句精準表達。
- 會的字愈多，讀得愈容易，愈能激發閱讀興趣。
- 限時讀完短篇文章，父母設計好問題，與孩子討論內容。
- 鼓勵孩子參加閱讀相關的競賽，增加對閱讀的熱情和信心。

PART 2 小學強勢教育

小學時期的孩子，可塑性高，
父母必須狠下心來，
為孩子培養出良好的學習心態，
久而久之，習慣勝於說教，不動手、不碎唸，
也能使孩子的求學生涯導向正面循環。

CEO 7

小學教育，必須強勢

「宇琪，聽懂了嗎？」由於宇琪出生後，我們就一直擔心她各方面發育比較慢，所以總是利用時間，在家中教育宇琪，希望盡可能開發她的智力。久而久之，養成了家庭教育的習慣。

在家裡，我是母親，也是老師，親自教授所有宇琪可以學習的學科。每教完一個章節，我總要確定她是否徹底明白了教授的內容，再給予相關練習，加強對學習內容的熟悉度，才進行下一個更深更難的章節。

是真不懂，還是裝不懂？

小學二年級時的宇琪，總是興致勃勃學著我教她的一切，在我教完後，還會高興大喊自己會了，很自豪可以學會課外的學科知識。但好景不常，隔不了多久，她便開始吱吱嗚嗚的，說聽不懂、不會做。我只好不停降低學習內容的難度及份量，但宇琪還是總說「不懂、不會」。

我一直不明白為什麼宇琪會「愈來愈笨、愈學愈慢」，直到有一天，我故意重複教授了以前學過的章節。

數個月前，宇琪第一次學這章節時，明明學得又快又好，為什麼事隔數月後，第二次學同樣的章節，反而聽不懂？

「宇琪，這個章節，以前學過，那時你很快就會了，而且練習題都會做。為什麼現在同樣的東西，再學一遍，你反而說內容聽不懂，練習題也不會做呢？」

宇琪張大她幼稚純真的眼睛，看著我，認真的回說：「我如果說聽懂了、會做練習題了，那你就會給我很多作業；做完後，就要再學新的章節，就會有更多的作業。但我如果說聽不懂、不會做，作業就會愈來愈少、愈來愈簡單，那我才有多出來的時間可以玩啊！」

我被宇琪誠實又正經的回答弄得啼笑皆非，這才明白，原來我的小女兒，不是愈學愈笨，而是「愈學愈懶惰」。

「好逸惡勞」是天性

想想也是，誰願意多做事、少玩樂？尤其是小學時期的孩子，在學校裡交了新的朋友，接觸許多在家中沒見過的新鮮事物。突然發現，有太多比讀書寫字更有趣的事可以做了，又有哪個小孩會心甘情願坐在書桌前讀書學習。

「好逸惡勞」是人的天性，長大成人的我們，明白天底下沒有不勞而獲的事情。再加上身上肩負許多責任，使我們克制自己想玩、想放鬆的念頭，認真上班賺錢打拚，只希望能過上更好的生活，但小孩子可沒有大人這般成熟的想法。

小學時期的孩子想法簡單直觀，只看得到眼前的事，不明白所謂的「前途」及「未來」。所以企圖對他們說要認真求上進的大道理，使他們自動自發讀書，無異是對牛彈琴，白費工夫。他們完全不能理解，只想做有趣的事、玩好玩的東西。

所幸小學時代的孩子，由於剛由家庭邁入學校，膽子普遍還小，又離青春叛逆期還遠，是最好的「強制學習期」。

前幾年「虎媽狼爸」盛行，憑良心說，我覺得「強勢教育法」只適用於小學生，在任何其他的教育階段，都會弊多於利，得到反效果。但在小學時期，如果能夠實施傳統亞洲式的強勢教育，不但可以盡早培養孩子良好的學習態度和習慣，還可以藉由小學六年的時間，提高孩子對自己學習能力及成果的要求。

「強勢教育」只適用於小學時期，
在其他時期，都會弊多於利，得到反效果。

強制學習，要用對時期

在孩子的小學時期，我不但嚴格要求他們必須做完所有我要求他們做的練習題，並且必須達到接近「Perfect（完美）」的程度。

我時常告訴他們，小學所學的各種知識及技能，都是比較簡單的，如果這個時候都不能對自己要求完美，那到了中學，什麼都更難了，就更不可能有好的成果。宇琪宇陽根本不明白求上進的大道理，只知道，做不到九五％以上，就要重做。他們為了多出一點點可以自由玩樂的時間，還是專心的將我要求他們完成的作業，做得又快又好，明白這才是躲避更多功課的唯一途徑。

由於長期有效率的家庭教育，我已經提早教會了孩子在學校要學的主要小學課程，所以他們都覺得學校的東西很簡單，這時我便嚴格要求他們，在學校要認真聽課。

如果老師教的內容與在家學的相同，就是最好的複習時間，如果老師教不曾學過的新知識，就要認真的學會。所有老師規定的作業，必須提早兩天完成，並且以得滿分為自我目標。

所有學校排定的考試，要提早充分準備，以考一百二十分為目標。意思就是，要準備得比考試要求的還仔細深入，這樣即使考不到一百分，至少也有九十八分。

過低的自我要求，絕非上策

許多媽媽來向我取經時，會提到自家小孩的學習方式及態度，我常常十分訝異他們錯誤的讀書習慣，以及過低的自我要求。更麻煩的是，上了中學的孩子，由於已經縱容自己懶惰的天性多年，養成了根深柢固的壞習慣，再加上青春叛逆期將近，真的很難溝通、難管教。

結果就是，小學時期浪費了太多可利用的時間，不但學的知識及技能不夠多，也沒有養成刻苦讀書的好習慣。上了中學後，不但在課業上感到力不從心，更因為長期對自己要求過低，很容易在各方面原諒自己，給自己的不肯努力找遍藉口。此時，碰上求好心切的父母，不自覺的以「強勢教育」對待步入青春叛逆期的中學子女，正是怎麼說、怎麼錯，無論怎麼教，換來的都是反抗。

相較之下，小學教育是養成良好讀書習慣的重要時期。這個時期的孩子，雖然也會不聽話，但畢竟還小，不敢真的起而反抗，也不會用「離家出走」這種劇烈極端的方法與父母抗爭。

人都有惰性，小孩子更覺得「玩」是理所當然的事。在說大道理無效的事實基礎上，為了在孩子進入中學後，可以成功實施「引導教育」及「啟發教育」，做父母的我們，必須在孩子小學時期就下定決心，徹底實施「強勢教育」。不但為尚不懂事的孩子提高對自己能力的要求，幫助他們培養正確的讀書習慣，更重要的是，及早在孩子心中建立父母的權威地位。到了難以嚴教的青春叛逆期，才能憑藉孩子既有良好習慣，加上父母的理性誘導，使中學時期的孩子在人格和學業上，以樂觀積極的態度，創造出優良的表現。

教養祕笈——前緊後鬆

- 若小學時期都做不到自我要求，到中學就更難了。
- 練習題正確率要做到九五%以上。
- 考試要提早準備，以考一百二十分為目標。
- 練習做得愈快愈好，就有愈多自由玩樂時間。

CEO 8

和小孩鬥法

台灣曾經有個有趣的電視劇叫做「婆媳過招」，劇中以日常生活的瑣事，生動的描繪婆媳之間因為立場不同，而發生的種種矛盾及衝突。但由於婆婆心疼自己的兒子，媳婦顧念自己的丈夫，所以在「鬥法」的過程中，總是進進退退，有輸有贏，達到勢鈞力敵的動態平衡。

現在的孩子，從小就古靈精怪，我們做父母的，常常處於必須與孩子鬥法的狀態而不自覺。更慘的是，由於孩子「要玩，不要讀書」的目標明確，為了滿足自己貪玩的目的，總是勇往直前的與父母鬥法。而父母雖想孩子認真學習，又怕剝奪了他們的童年；孩子犯了錯，想要處罰，又捨不得。結果就在與自己孩子「鬥法」的過程中，屢戰屢敗，無法在孩子心中樹立起為人父母該有的基本權威，更別談教育孩子了。

宇陽從小不把聰明用在正當學習上，專門用來想方設法的達到他偷懶貪玩的目標。就以練鋼琴為例，他偷懶的目標不但明確，而且有階段性，以「不練，少練，胡亂練」三步驟為原則，與我鬥法。

鬥法三步驟：不練、少練、胡亂練

首先自然是「能不練，則不練」，宇陽先理直氣壯的對我說：「我的同學，沒有一個回家後要練琴的。」一聽到他這麼說，我立刻反駁：「你的華裔同學，沒有一個回家後不用練琴的。」

宇陽聽到我迅速又嚴肅的回答，知道自己「偷懶最高目標——不練」是不可能達到了，於是他很靈活的轉以「少練」為目標，開始和我進行第二階段的「親子過招」。

「可是我今天學校功課很多，只能練半個小時，不能練一個小時。」這話一聽，就知道是宇陽想以學校功課為藉口，坐在書桌前混時間，達到「少練琴」的目的。

洞悉了他偷懶的說詞，我立刻說：「喔，那你今天一定也沒有時間看卡通影片了。」宇陽一聽，那可不行，一時情急，開始胡攪蠻纏，倒在地上撒野。我立刻堅定的說：「快起來寫功課、練好琴，做完後還有時間看卡通。再繼續耍賴，不但今天不准看卡通影片，這個星期都沒得看了。」

宇陽知道我向來說話算話，再鬧下去，可要吃大虧了，只好心不甘情不願的坐起來，開始練琴。

這下我們母子進入了鬥法第三階段——「胡亂練」。宇陽嘟著嘴，坐在鋼琴前，兩手隨便放在琴鍵上，想混過這一小時。我對他慣用的伎倆早有準備，「你如果按照老師說的，一段一段認真的好好練，半小時後，我來聽你彈，若彈得好，就不用練到一個小時。」

宇陽聽到有機會可以縮短練琴時間，自然高興，坐在鋼琴前專心認真練習。而我也耐著性子，過程中始終堅定立場，與兒子輾轉周旋數回後，終於讓他定下心來專心練琴。

假借讀書之名，行玩樂偷懶之實

常聽到別的媽媽抱怨自家孩子天天開著電腦寫功課，一叫他們把電腦關了，孩子就理直氣壯的說：「我要用電腦查資料。」這時候，父母如果不仔細觀察孩子到底是不是假借讀書之名，實際上是用電腦在與朋友聊天，而被孩子隨便糊弄過去，這就不只是一次鬥法敗下陣來，而是間接鼓勵孩子，以讀書為藉口，掩飾偷懶玩樂的行為。

還有些小孩子讀書寫功課時，堅持要關上房門，說這樣才能專心。在我看來，只有過分天真或是懶得管教的父母，才會自己騙自己，相信孩子這種裝認真的說法。在我們家，孩子從小讀書就不許關門，也很少用電腦。想想，小學生要用電腦查什麼資料？就算要查，父母也可以陪在一旁，千萬不能養成孩子邊讀書、邊上網的壞習慣。

宇陽小學的時候，我為了督促他學習，根本沒有給他準備專用的書桌，我們家的餐桌，就是他的書桌，我一邊做飯，一邊盯著宇陽讀書。宇陽從小愛吃肉，正好用美味的炸排骨，來引誘宇陽有效率的做好自己該做的功課。

洞悉孩子的逃避心態

宇揚不只練鋼琴要跟我鬥法，課業學習也隨時找機會與我過招。語文能力的學習，多練習幾次就容易見效，還算好解決，真正麻煩的是像數學這樣理解性的學科。如果孩子頑劣的說自己不懂，又故意做錯，那才真是令人頭痛。

宇陽學數學時，最常說的話就是：「我很笨，我不會做這個數學題目。」因為他發現只要說不會，就可以做簡單的題目，好做又好混；反倒是一直做對，就要學更難更多的數學題。所以，向來以偷懶玩樂為最高目標的宇陽，很快就發現說「自己笨，不會做」，才是最有效的逃避方式。

由於教宇琪時，我已經有過同樣的經驗，為了確定宇陽是耍小手段，企圖偷懶，我刻意將難易不同的數學四則運算題，交錯給宇陽做，沒幾次，小小的宇陽就被我搞糊塗了，漏出了馬腳。原來這些相關的四則運算題，他早就會了，只是在裝傻，不想學新的。

「宇陽，你每天反正要花半小時學數學，如果認真的學，每天都可以進步；相反的，如果你每天混，只想做簡單的題目，也要花半小時，但卻沒辦法進步，只是每天在浪費自己的時間。」宇陽明白自己偷懶的小伎倆被媽媽識破，也漸漸理解，若是再不思進取，對自己的學習也沒半點好處。

懶惰愛玩是人的天性，不明世理的小學生，更是不能理解父母為什麼總逼著他們過枯燥的學習生活。而腦子靈活一點的小孩，自然會「亂用」他的小聰明，抓住父母疼愛他們的弱點，不厭其煩的與父母鬥法，滿足貪玩的本能。

洞悉孩子逃避的心態，
不讓孩子有機會養成敷衍的習慣。

父母必須洞悉孩子的逃避心態，才有機會在日常生活中，主導家中的「親子過招」。不然就只能連孩子設的局都還沒看清，就高舉白旗，敗下陣來。輸了「親子過招」事小，但卻從小給孩子養成了敷衍的習慣，就真的得不償失了。

教養祕笈——親子過招，見招拆招

- 沒有時間練習？那一定也沒有時間看卡通影片了。
- 想混時間、胡亂練？若好好練習，就不用練滿一個小時。
- 小孩很笨，不會做？看穿孩子逃避練習的心態，助他理解學習的真正目的。

9

習慣勝過說教

「宇陽，你要快點做完媽媽交代的功課，別忘了晚上要一起看『冰球之夜』（Hockey Night in Canada）！」先生一大早就叮嚀宇陽，要趕快認真做作業，晚上才能一起看緊張刺激的冰球大賽實況轉播。

「我已經快做完了，爹地，我們六點準時看，你不要晚了。我要從最開頭，所有明星球員高速勇猛的在冰刀上滑入賽場開始看！」宇陽比爸爸還想看冰球賽。

加拿大人最引以為傲的運動，就是冰球，別看加拿大人平時親切和善、溫文儒雅，一到冰球場上就完全變了個樣。球場上的球員兇悍粗暴，動不動就脫頭盔、扔球桿、推開裁判，在冰球場上打群架。

連續榮獲男女奧運冰球賽金牌，以及世界冰球錦標賽冠軍，加拿大人對於看冰球競賽，可用「如痴如狂」來形容。

二〇一〇年冬季奧運在溫哥華舉辦，那年二月，加拿大冰球隊與美國冰球隊爭奪奧運金牌。實況轉播冠軍爭霸賽時，加拿大從東到西，路上見不到一輛車、半個人。大家都聚在實況轉播的大廳裡，屏氣凝神的緊盯賽事。當加拿大冰球隊隊長西尼・克羅斯比（Sidney Crosby）在延長賽進了冠軍球時，整個加拿大都被歡呼聲震撼了。

「堅持」是一種習慣，「放棄」更是一種習慣

加拿大人對冰球的熱情，不只表現在四年一次的奧運金牌賽，加拿大全國電視台（CBC）的熱門節目「冰球之夜」，更是千千萬萬的加拿大人最重要的精采節目與歡樂時光。宇陽小時候，每星期最重要的娛樂時刻，就是和爸爸一起坐在沙發上，吃著爆米花，高興地笑著叫著，看著威武的冰球選手進球得分。

每年十月到隔年的四月是NHL（National Hockey League，全國曲棍球聯

盟）巡迴賽及淘汰賽的季節，那段期間，每兩到三天就有一場實況轉播的冰球賽。熱愛冰球的宇陽，自然場場都想看。但十月到四月剛好和學校上課的日程重疊，如果沒有計畫亦沒有節制的場場都看，就沒剩多少時間讀書了。先生雖也是個冰球迷，但他同樣明白這個道理。

在我們商量之後，正式的與宇陽約定。看冰球賽雖然緊張刺激，又是加拿大的全民娛樂，但為了保留充分的讀書及參與其他活動的時間，我們每個星期選一場精采的冰球賽，而且必須將應做的作業提前且正確的做完，才可以開始看。幾年下來，宇陽為

了確保和爸爸一起看冰球賽的時間，不知不覺養成了規劃時間、提早行動的習慣，並以正確性及高效率為目標，來完成每一件該做的事。我們以精采的冰球實況轉播為誘餌，順利幫助宇陽養成正確的讀書態度。

知名育嬰書《零到一歲怎麼教？》（*What to Expect in the First Year?*）裡提到，想教養出性情穩定、健康快樂的嬰兒，必須盡早讓他們養成好習慣。按照規律的坐息，每天在大致相同的時間吃奶、睡覺、洗澡、玩樂。愈早習慣固定作息，愈容易形成穩定平和的情緒，有利於孩子健康快樂的成長。同樣的道理，小學時期的孩子也是一樣，愈早養成良好的生活及學習習慣，對孩子愈好。

「計畫」是一種習慣，「讀書」是一種習慣，「練琴」是一種習慣，「鍛鍊」是一種習慣，「認真」是一種習慣，「堅持」是一種習慣；然而「偷懶」也是一種習慣，「馬虎」是一種習慣，「放棄」更是一種習慣。哈佛商學院在招生標準中，也明確的指出：「創業是一種習慣」。只有不放棄、不氣餒，以創業為習慣、持續不斷創業的人，才能成為傑出的企業家。

學齡前的孩子，以「玩」為最重要的學習方式，但不是隨便的玩、胡亂的玩。以蒙特梭利幼兒教學法為例，便是以「寓教於樂」為主旨，透過許多精心設計的科學教學器材，讓孩子們有系統、有計畫的邊玩邊學習。除了學習新知，蒙特梭利幼兒教學法更重視讓年幼的孩童明白專心學習、認真做事的重要性。

培養一絲不苟的精神

在宇琪宇陽很小的時候，我便開始教他們數學，從數數到四則運算，都提早在家中教授完成。我在教他們數學的時候，最強調的，不是做多少練習題，而是他們算數學的精確度，「不小心做錯」是絕對不被允許的。

從小我就告訴兩個孩子，如果因為不會而答錯，沒有關係，也沒有什麼好可惜的，原本不會的東西，就不該心存僥倖、試圖猜對；但若是自己會的題目，卻因粗心而做錯，就浪費了以前努力學習所付出的精力及時間，實在太可惜。因為「不小心」而答錯了原本可以答對的題目，平白在考試中丟掉可以輕鬆拿到的分數，是絕對不可原諒的。

在孩子的早期數學教育，他們學到最重要的東西，不是加減乘除四則運算的能力，而是徹底明白「答題準確度」的重要。從小養成認真專心的好習慣，務必做到「只要是會的，就一定要做對，培養一絲不苟的精神」。

除了「正確性」之外，「高單位時間效率」是另一個必須提早養成的好習慣。小孩子多半缺乏耐心，要求他們長時間坐在書桌前讀書，不但效果不彰，反而養成他們讀書時混時間的壞習慣。以做數學為例，應該以十五分鐘為單位，做四則運算題，務必做得又快又好。養成專心做數學題的好習慣後，再逐步增加學習內容及增長單位時間，從二十分鐘做三十道題目，到半小時做六十道題，而後再增長為一小時做兩百道題等等。隨著孩子年齡的成長，讀書的耐心也會愈來愈好。

最重要的是要讓孩子們從小明白高效率讀書方法的重要性。如果無精打采的坐在書桌前混時間，不如不要讀了。省得書沒讀進去，反而騙自己有花功夫讀，等到考試時不會，覺得自己花了那麼多時間讀，卻還是得不到好成績，反而打擊自信心。

提早計劃，充分準備

我們移民到北美二十多年，深深感受到，想要在此出人頭地，必須事事「提早計劃，充分準備」。西方人與中國人最大的不同，就是什麼都要提早預約，不論參加任何的活動或比賽，報名截止日期往往要提早半年左右，也就是說，如果孩子沒有從小養成「提早計劃」的好習慣，就什麼活動都沒得參加了，更別幻想要在各種比賽中勝出。

「事事充分準備」是計畫成功的先決條件。從小我便告訴宇琪宇陽，凡事要按照一百二十分的標準來準備，如此一來，即使小有失誤，結果也會接近一百分。但若一開始就對自己要求很低，抱著想混到六十分及格的心態，就注定被淘汰出局。由於從小參加多項活動及比賽，我都非常強調「提早計劃，充分準備」的重要性，久而久之，宇琪和宇陽也覺得凡事按高標準充分準備，是理所當然的人生態度。

許多望子成龍，望女成鳳的父母，常常對孩子「碎碎唸」，要他們認真、努力、求上進。孩子聽多了，常常左耳進、右耳出，完全沒有將父母說的話，放在心上。孩子考試成績不好時，或因父母面子問題，亦或是父母為了安慰自己，常常對外人說，他們的孩子很聰明，只是不夠努力，考試的題目，他都會做，只是不小心做錯。這樣的說法，等於給孩子製造偷懶的空間，及輕易原諒自己的理由。長久下來，孩子便會在父母的縱容下，一次次養成不思進取、不發憤努力的壞習慣。父母絕不能因為溺愛孩子，而讓孩子養成碰到障礙就退縮，遇到困難就放棄的壞習慣。要知道，「努力不懈」是一種習慣，「退縮放棄」更是一種習慣。

葉聖陶說：「好習慣養成了，一輩子受用；壞習慣養成了，一輩子吃它的虧，想改也不容易。」習慣是一種行為，不斷重複的做，就會深入人心，成為由潛意識主導的反射動作。所以不論在什麼情況下，人都會自然的重複已經成為習慣的行為。

巴金也說：「孩子的成功教育，從好習慣培養開始。」父母首先要明白，「習慣是人生最大的指導」。孩子的可塑性非常高，父母對子女的教育，若著重在從小養成良好的習慣，就不需要吱吱喳喳在孩子耳根旁說個不停了。盡早在各方面，養成好的習慣，孩子便會提早計劃，充分準備，以最高的效率及一絲不苟、精益求精的精神，堅定不移的邁入正向的循環。

「努力不懈」是一種習慣，
「退縮放棄」更是一種習慣。

教養祕笈——父母不碎唸，孩子也會自主學習

- 該做的作業提前且正確的做完，就可以做喜歡的事。
- 練習不在多，在準確度。不小心做錯是不被允許的。
- 因為不會而答錯，並不足惜，原本不會的內容，就不該心存僥倖猜對；但原本就會卻不小心答錯，實在可惜，也浪費了努力學習付出的精力及時間。
- 凡事提早計劃，充分準備。一開始就抱著混到六十分及格的心態，注定淘汰出局。

CEO

10

善用多重記憶力

「第六十號拼字參賽者，你要拼的英文單字是Pithecological。」拼字大賽主持人說。

十一歲的宇陽一個人站在富麗堂皇的舞台上，面對著無數實況轉播的攝影機，戰戰兢兢拿著麥克風問：「請問這個單字在字典裡的定義是什麼？」

「有關研究人猿的學問。」主持人回答。

宇陽聽了單字的定義後，似乎已經胸有成竹的知道是什麼字了，但仍謹慎的接著問：「請問這個字的詞類是什麼？」

「形容詞。」主持人回答。

「Pithecological——」宇陽發音清楚的重複唸出他要拼的單字，並問主持人：「請問我的發音正確嗎？」

「正確。」主持人回答。

宇陽想了想，心中確定了這個罕見英文單字的拼法，便專注、謹慎、緩慢、清楚的，一個一個字母拼出：「p-i-t-h-e-c-o-l-o-g-i-c-a-l。」

「完全正確！你贏得了冠軍！」在大賽主持人宣布宇陽拼對了他的冠軍單字，成為二〇一〇年大溫哥華賽區的英文拼字冠軍後，所有在台下等待的記者一擁而上。

剎那間，舞台上拍照的鎂光燈閃個不停。在這一瞬間，宇陽成為令很多外國人都佩服羨慕的拼字神童。不但贏得五千加幣的獎金，更成為大溫哥華賽區代表，要前往首都渥太華參加全國總決賽。

Canwest Canspell 2010

THE VANCOUVER SUN

Saturday, March 6, 2010 SERIOUSLY WESTCOAST SINCE 1912

He's not just one of the boys

Scott Xiao surprises even himself as first male to take regional spelling event

B.C. | VANCOUVER — "The Canwest Canspell Vancouver Regional Spelling Bee crowned its first male champion Saturday when Burnaby's Scott Xiao stepped up to the microphone to spell the word pithecological, winning the championship round.

"I can't really believe it. It's still kind of like a dream," Xiao said after collecting his trophy and awards at the University of B.C.'s Chan Centre for the Performing Arts.

He was the last speller standing after eight rounds of words that narrowed 69 competitors to a single champion. He's also the first boy to win the regional contest since it began in 2005.

But the 11-year-old admitted he had to do some thinking to arrive at the right answer.

"As soon as I heard it, I had something in my mind," said Xiao, a student at Burnaby's Aubrey elementary school.

After some thought, he realized that first gut reaction was wrong. He used his options though, asking for the word's definition, (of or relating to the study of apes), its language of origin (Greek, both parts) and what part of speech it is (adjective).

And when he stepped forward to make his answer, he figured he had seen it before, and nailed the spelling. "And then I still couldn't believe I'd won," Xiao said.

Catherine Mah, a student at Surrey's Southridge junior secondary school, was runner-up.

Having won the regional bee, hosted by The Vancouver Sun, Xiao will now move on to the Canwest Canspell National Spelling Bee March 28 in Ottawa.

The Canspell national winner then goes to the Scripps National Spelling Bee in Washington, D.C.

Out in the audience, it was his older sister Grace who reassured their parents, Frank and Cara, that Scott was on solid ground during the competition.

"She told me for the very last few words, 'Scott should know them, don't worry, he'll be fine,'" proud mom Cara said.

Scott Xiao became the first male to win The Vancouver Sun Canwest Canspell at the Chan Centre for Performing Arts.

turning dictionary words into flash cards. Then it is a continual process of studying, testing words, setting aside the cards for words he knows, reviewing the words he gets wrong and retesting.

Scott said he generally spends an hour a day with spelling, which he steps up to three hours a day leading up to the competition.

"It's a big achievement," said his father, who hopes it will serve Scott well as he pursues his goal of becoming a doctor.

"Maybe [the Canspell win] will give him more confidence for the rest of his life to know how to work hard

pies their time. Both are talented musicians who play violin with the Vancouver Youth Symphony Orchestra. Scott has already achieved his Royal Conservatory of Music diploma, and is working toward his Grade 10 level qualification in violin. He also plays hockey, baseball and other sports.

Amanda Holland, one of the event's organizers, said this year's Canspell Vancouver regional contest saw 18,000 students between the ages eight and 13 from 180 schools from Squamish to Hope vie for the 70 spots in the final spelling bee. Each school holds a spelling bee to determine its top speller, Holland said.

極其緊張的拼字大賽

在美國和加拿大家喻戶曉的學術競賽，不是奧林匹亞數學競賽，而是英文拼字大賽（Spelling Bee）。從各個學校選出來最厲害的拼字小選手，經過層層激烈緊張的比賽，進入由各地方媒體實況轉播的區決賽，最後勝出者，將分別前往美國首府華盛頓特區，及加拿大首都渥太華參加全國總決賽。拼字大賽是西方世界著名的精神極度緊張的比賽（Nerve-Wracking event）。比賽以號稱最齊全、蒐集包含五十多萬個英文單字的《新韋氏英語國際辭典》為標準，從中隨意抽取艱澀難拼的單字，讓站在大舞台上的參賽者，在限時三分鐘內，正確無誤的拼出評審唸的英文單字。

站在被燈光照得火熱的大舞台上，小小拼字專家不但要集中注意力，認真的聽評審唸出的英文單字，還要克服心中的緊張及壓力，僅能透過幾個制式提問，來判斷自己有沒有錯想成別的單字。只要在回答的過程中出了一點小差錯，台下評審便會毫不留情的按下拼字大賽專屬、我們稱之為 dreadful bell 的「可怕的鈴聲」。鈴聲一響起，參賽者當場就被淘汰，必須立刻走下台來。

要知道，大多數參賽者為了準備這一年一度的拼字大賽，日日夜夜學習了上萬個英文單字。比賽中一不小心犯了錯，就立即被淘汰，是多麼令人難過的事。尤其在眾目睽睽之下，拼錯了英文單字，走下舞台，實在氣餒。所以不論是台上參賽的小朋友，還是在台下觀看等待的父母，大家無不神經緊繃、緊張萬分。

聽出過人記憶力

我們家從宇琪到宇陽，連著幾年參加拼字大賽。二〇〇九年時，從早上九點開始，比到下午三點左右。眼看舞台上將近一百個決賽參賽者，一個個被那可怕的鈴聲給請下台。偌大的舞台上，只剩下三個孩子，其中兩個就是宇琪和宇陽。我和先生忍不住心想，三分之二的機率，今年應該是我們家的孩子勝出了吧？沒想到，過不了一會兒，宇琪宇陽便相繼被那可怕的鈴聲給按下台，無奈的並列大溫哥華拼字比賽亞軍。而冠軍被那只占三分之一機率的外國女孩給奪走了。

次年，因為宇琪跳級了一年，已是九年級的學生，按大賽規定不能再參加全國拼字比賽。我們便一起討論，以最有效率的方式，協助宇陽地毯式的複習所有英文單字。終於在二〇一〇年的大賽中，宇陽通過層層考驗，成功拼對了每一個英文單字，成為那個唯一仍站在舞台上的拼字冠軍。

很多人都想要知道，年僅十一歲的宇陽，是怎麼樣可以記住幾萬個英文單字，打敗很多西方拼字小專家，成為少有的華裔拼字冠軍呢？

西方教育學習英文的第一步驟就是學習英文拼音（phonics），有系統的英文拼音教學，著重教導幼兒英文字母及發音之間的關係，是聽覺學習的第一課。經由聽英文單字，刺激大腦，對聽到的聲音加以處理分析，再轉為英文字母，就是「拼英文單字」最基本的概念。

再長再難的英文單字，都可以按音節拆為數小段，例如，「refrigerator」（冰箱）就可以分為五個小音節re-frig-er-a-tor。不能成功分辨英文單字中不同音節的孩子，勢必無法形成正確的聽覺學習，自然沒有可能形成正確的聽覺記憶，更別說能記住上萬個英文單字了。

宇陽很幸運有個認真上進的好姊姊。因為姊姊一心想贏拼字大賽，在家天天研究英文單字的各個音節及其發音變化，使得童年時期的宇陽，不自覺的天天處在聽覺學習的環境中。

大部分的孩子學習英文拼字及閱讀，是從幼兒英文讀物開始，也就是從「視覺學習」（visual learning）開始。但小孩子普遍不能有長時間的專注力，往往坐下來讀個幾分鐘就煩了，學習效果不佳。但若是處在聽覺學習的環境中，無意識的長時間聽著英文單字、兒歌，或是故事，就會有意想不到的學習效果。宇陽就是這樣成為小小拼字專家的。

驚人的聽覺學習

宇陽取得大溫哥華拼字大賽冠軍後，代表卑詩省去渥太華參加全國總決賽。行程由全國拼字大賽主辦單位安排，一共六天，招待所有晉級總決賽的小拼字專家，集體大玩五天，第六天才是全國總決賽的日子。

我一路跟著宇陽參加各項活動，從參觀國會大廈，到觀賞激烈的冰球比賽實況，心中不禁懷疑，主辦單位是不是故意讓這些孩子玩瘋了，再看看誰真正記得所學過的英文單字。在二十二位進入加拿大總決賽的學生中，宇陽和蘿拉是年紀最小，也是玩得最瘋的，出乎意料，竟然在大玩五天後，由蘿

無意識的長時間聽著英文單字、兒歌，或是故事，會有意想不到的學習效果。

拉贏得全加拿大冠軍，宇陽以一字之差，屈居亞軍。

在首都旅遊的期間，我們認識了蘿拉一家人。蘿拉的大姊數年前就是大多倫多賽區的拼字冠軍，而蘿拉則在十歲時，擊敗了自己十四歲的哥哥。不僅成為大多倫多拼字比賽年齡最小的區冠軍，更在渥太華全國拼字總決賽中，以小小黑馬的姿態，擊敗無數比她年長又有豐富參賽經驗的拼字專家，一舉成為加拿大全國拼字總冠軍。

蘿拉是個十分頑皮好動的小女孩，看到她沒有一刻安靜下來的模樣，真的無法想像她怎麼能靜下心來讀幾十萬個英文單字，並牢記在心，連續三年成為加拿大全國拼字總冠軍。

蘿拉的媽媽告訴我，從蘿拉三歲多開始，她們家的客廳便是哥哥姊姊自學拼英文單字的教室。她們家的餐桌，就是媽媽幫哥哥姊姊複習英文單字的家庭考場。蘿拉總是在一旁邊玩邊聽，直到有一天，蘿拉突然拼出連哥哥姊姊都記不住的艱難英文單字，家人才驚訝的發現，小小的蘿拉，早已在潛移默化的聽覺學習中，學會了數以萬計的英文單字。

多重感官學習，培養超強記憶力

記憶力是個很廣泛的名詞，可細分為「感官記憶」，「短期記憶」，及「長期記憶」。

我們由視覺、聽覺及嗅覺來感受周遭的環境，將訊息傳入大腦，形成瞬間的感官記憶。如果沒有持續輸入相同的感官訊息，瞬間的感官記憶很容易就會被遺忘。反之，如果有持續輸入相同的感官訊息，大腦便會自動將瞬間的感官記憶，轉變為短期記憶；若是反覆重複短期記憶的資訊，大腦便會將短期記憶中的資訊，加強儲存，成為長期記憶。而一般我們所指的記憶力，便是長期記憶的容量。想要贏得像拼字比賽這樣的大型賽事，一定要有驚人的長期記憶。

「過目不忘」是中國人偏重「視覺感官記憶」的明證。因為這種認知，在孩子學習及訓練的過程中，往往偏重「視覺學習」，而忽略了其他的感官學習。事實上，除了「視覺學習」，「聽覺學習」（auditory learning）也是培養過人記憶力的重要方式。

誠如學習語言有黃金關鍵期，記憶力的開發也有重要的關鍵期。記憶力的形成，是始源於感官記憶，必須從視覺、聽覺，及嗅覺來多方面刺激開發，再經由反覆練習轉化為短期記憶和長期記憶。

小孩子正在成長的大腦，有著我們無法想像的記憶力潛能。如果父母能夠有計畫的在孩子玩樂的場合，長期提供有系統的聽覺學習教學錄音帶，再配上視覺學習的教材，例如圖片單字卡及兒童閱讀刊物，必能在正面愉快的環境下，成功開發出孩子的記憶力。

教養祕笈——創造鍛鍊記憶力的環境

- 從視覺、聽覺，及嗅覺等感官多方刺激開發，再經由反覆練習轉化為短期記憶和長期記憶。
- 營造多重感官學習環境，你的家就是最好的學習教室。

CEO 11

高單位時間效率

在宇陽繼姊姊宇琪之後，也被哈佛大學提前錄取，許多華人界的報紙與網站都列出宇陽洋洋灑灑的學經歷。看到他在學術、音樂，以及體育多個領域都有傑出的表現，許多朋友除了讚嘆，也好奇的詢問，他怎麼能有時間學這麼多、做這麼多，還能有這麼好的成果？身為宇陽的媽媽，對這個問題，最誠懇的答案就是「高單位時間效率」。

琴聲與哭聲

宇陽小時候絕不是大家所想像的那種自動自發、認真上進的小男孩。相反的，他總是想方設法少做功課，並且時不時的胡鬧耍賴，令我這個做媽的不得不隨時準備接招，反制宇陽為了偷懶而使出層出不窮的花招。

長久以來，我們家的客廳，總是夾雜著琴聲和哭聲。宇陽剛開始學琴時，正經練琴的時間，遠不如大哭大鬧的時間長。對付他的大哭大鬧，我則始終不改一貫作風，就是「不理，不睬，不打，不罵，不妥協」。總之，沒練好老師交代的曲子，就不准做其他的事。久而久之，宇陽發現自已哭鬧的時間都白浪費了，不但不能減少練琴，反而因為哭鬧而少了許多玩耍的時間。過不了多久，宇陽便不再以哭鬧來反抗練琴，進步為稍微文明一些的偷懶方式。

鋼琴老師都會交代學生，每天至少要練一小時的琴，宇陽的老師也不例外。宇陽剛開始用亂哭胡鬧的方式拒練鋼琴，發現哭鬧無效後，便開始用「混時間」的方法。計時一個小時的練琴時間，中間總少不了要喝水、吃東西、上廁所。扣除這些做雜事的時間，號稱一小時的練琴時間，可能連半小時都不到，更別談什麼專心練習及學習效果了。更大的問題是，這樣下去，豈不是從小養成「混時間」的壞習慣，反正遇上不得不做的事情，就混吧，混多久，算多久。

練琴到底是為了什麼？

我做事一向講究效率，看到自己兒子總這麼混時間，覺得「定時練琴一小時」實在不是好方法。孩子雖小，但也應該使他明白，花最短的時間，達到最大的效果，才是正確的學習態度。而不是想盡辦法打混，最後時間都平白浪費了，該做好的，卻都沒做好。

記得宇陽六歲那年，我把他當小大人，認真的跟他討論這個問題：「宇陽，你說練琴是為了什麼？是為了逼你在鋼琴前坐一個小時，還是為了練會老師教的東西，並且彈出好聽的鋼琴曲？」

六歲的宇陽，似懂非懂的，卻也明白，練琴是為了彈出好聽的曲子，不是為了每天坐在鋼琴前一小時。

「不如這樣吧，以後不要再定時練琴一小時，而是一首曲子、一首曲子的分開練。只要你可以按照老師的要求，認真正確的彈好三遍以上，那首曲子就算過關。你可以休息十五分鐘，放鬆玩一下，之後，再練下一首曲子。每天只要練完老師規定的功課，就可以自由玩樂，不一定要練足一個小時。」

不問練習長短，只問學習成效

改成這樣以「效果為標準」，顯然使得宇陽有動力在最短的時間內，練到老師的要求。再加上曲子和曲子中間的休息時間，也積極鼓勵了宇陽專心認真練完每一首鋼琴曲。由於不再限時一小時，宇陽發現只要認真達到要求，反而有更多玩樂的時間，就這樣成功改掉了宇陽「混時間」的壞習慣，並從小教會他「高效率」的重要性。

宇陽參加拼字大賽那幾年，需要學習大量的英文單字，「高單位時間效率」更是不可或缺的成功要素。想想，姑且不說每天要學新的單字，光是複習學過的單字，如果一天複習一百個，一年三百六十五天，只能複習三萬六千個英文單字，離《新韋氏英語國際辭典》中的五十多萬個英文單字，還差得遠了，更別說還必須不斷學新字。

為了讓宇陽有效率的學習新單字，並且有系統的複習以前學過的單字，我和先生便動手做單字卡。以一百個單字卡為一個單位，將數十萬英文單字，按照拼字難易程度，分為常考、偶考，及罕考三個等級。每次計時十五分鐘，複習最熟悉的一百個單字卡，加上中間休息的時間，平均一小時可以複習三百個常考的英文單字。至於偶考及罕考的英文單字，則需要花較長時間準備，平均一小時間可以複習一百到兩百個較難程度的英文單字。

小孩子普遍沒耐心，尤其像宇陽這樣活潑好動的類型，讓他們規規矩矩坐著唸一小時英文單字，根本不可能。所以我總是給他計時十五或二十分鐘，複習一百個單字卡，之後立刻測驗，拼對百分之九十以上就過關，不需要重來一次。正如練鋼琴一樣，宇陽發現，認真迅速的做完該做的事，才不需要重做，浪費他玩的時間。

有時候，我為了鼓勵宇陽多複習一些單字，會做他喜歡吃的東西，像是煎牛小排，等按時複習完單字後，給他當獎勵的點心。先生常笑我像訓練小狗一樣，給食物吃當鼓勵。我便回答說，怎麼有效果便怎麼做，宇陽就喜歡吃肉，當然拿肉來引誘他專心迅速的背單字了。

讓孩子有做主的空間

宇陽八年級後，就不能再參加拼字大賽了，平時複習英文單字的時間空出來後，宇陽突然變得十分清閒，顯得有些無所事事。宇陽的英文程度在準備拼字大賽的過程中，有很大的進步。但也因為花了許多時間研究英文單字，他的數理化相關學科，相對來說，就不是學的那麼好了。加拿大的學校各項活動很多，對課業的要求，不是太嚴格。看著十一歲的宇陽，每天晃過來、晃過去，學校對課業要求低，他對自己的要求更低。這樣下去不是辦法。

為了讓宇陽自動自發、又有效率的多學些數理化的知識，我每個星期天會和他討論下一個星期該做的數理化練習，然後清楚的列一張表，只要他做完表上的功課，剩下的時間，可以任意運用。

宇陽天性愛玩，每個星期天，在跟我訂定該週讀書計畫時，都會先花上大半天時間和我討價還價，不停抱怨他的功課太多，沒有玩的時間了。其實我也不清楚，他一個星期可以學會多少東西、做多少功課。我一開始是希望他能夠學五天，玩兩天，這樣他才能有足夠的動力，在下個星期繼續努力學習。但宇陽常常是三、四天就做完我們一起討論出來一週的功課，剩下至少三天可以自由玩耍。

每次我看到宇陽早早做完一週的功課又開始玩時，都有種被騙了的感覺。原來他不停的抱怨功課太多，只不過是為了多留些玩的時間。雖然我有些後悔相信了他的抱怨，但卻從來沒有不守信用，任意加重該週的功課量。只是在週日討論下一週的功課量時，不再被宇陽隨意愚弄，更堅決的說，他根本就有足夠的時間做完這些功課。幾次下來，宇陽自知理虧，往往不再多說什麼。

每週和孩子討論他要做的功課量，逐漸讓孩子有自己做主的空間，才能激發出自動自發的學習心。還要以正確迅速做完功課為前提，多出來的時間可以自由玩樂，才能培養出孩子專心且有效學習的好習慣。

孩子變得成熟上進，並非偶然

上了哈佛後，宇陽彷彿突然間長大了。以前，他以高效率做完該做的事情，目的就是多一些自由玩樂的時間。但上了哈佛後，他以高效率做完該做的事情，目的卻是多一些時間，做更有意義的事。

在哈佛，宇陽不但各科成績接近滿分，大一時，就有生化系教授邀請他參與教科書的著作群，並且被哈佛著名的電腦課程CS50聘為助教。此外，還在大一時入選十二人的哈佛新生學生會及擔任學生會財務長，並與哈佛同學創辦高科技醫療公司，與波士頓兒童醫院合作，以虛擬實境（VR）的電腦科技，治療有關眼睛的各種疾病。近日還應美國輝瑞藥廠邀請，在紐約的總部舉辦以創新製藥為主題的演講。

宇陽告訴我，他覺得自己中學時玩太多，沒有全力衝刺，發揮自己的潛能。在外人聽起來，可能只覺得宇陽終於長大成熟，知道上進了。但只有我心裡明白，從小培養宇陽重視「高單位時間效率」，才是助他在短時間內，完成多項任務的關鍵。

教養祕笈——高單位時間效率五重點

1. 確認孩子的學習目標，父母要堅守原則，對於孩子的反抗心態，「不理，不睬，不打，不罵，不妥協」。
2. 不問練習長短，只問學習成效。
3. 孩子只要正確迅速做完功課，多出來的時間就可以自由運用，父母不能不守信用。
4. 適時給予獎勵，怎麼有效果便怎麼做。
5. 和孩子討論功課量，讓孩子有做主的空間，激發自動自發的學習心。

CEO

12

學音樂不等於學鋼琴

對於華人來說，似乎學音樂等同於學鋼琴。成千上萬的父母，迫不及待的給孩子上鋼琴課，周遭互相攀比的壓力，更讓無數父母一頭栽入逼小孩練鋼琴的行列。

事實上，學音樂不等於學鋼琴，有音樂天分的孩子，也不一定有彈鋼琴的天分。更重要的是，比較各種西方樂器，學鋼琴除了感覺特別高雅之外，是投資報酬率最低的樂器，不但學費特別貴，由於學鋼琴的人多，在各大音樂競賽中，鋼琴是最難出人頭地的樂器。

孩子適合學什麼樂器？

十五年前，我也和一般的華人母親一樣，總覺得鋼琴是不可不學的才藝，就送宇琪去上鋼琴課。直到數年後，我才發現宇琪根本不適合彈鋼琴。

不像宇陽，宇琪從小做什麼事都主動認真。就拿學鋼琴來說，她總是努力練習，用了非常多的時間和精神。從外人的眼光來看，宇琪鋼琴已經彈得很不錯了，但做媽媽的我知道，她在鋼琴上的付出及回報不成正比。

宇琪就這樣成效不彰的埋頭苦練了幾年鋼琴，我一直在暗中琢磨研究，到底為什麼宇琪的努力不能完全發揮出來。直到她開始彈較艱難的鋼琴曲，我才逐漸明白，與其說她沒有彈鋼琴的天分，不如說她天生身體條件不合適。

每個鋼琴老師都知道，到了高級的曲子，常有急速彈奏的八度連音，如果天生手掌小，氣力不足，再怎麼練，也不可能彈出曲子的效果。宇琪正是這樣，她的手掌張開，勉強可以碰到八度音，再加上天生骨架小，手沒什麼力氣，彈鋼琴時很難彈出音樂「強」（forte）的效果，更別說豐富的情感表現。

女兒一向認真好強，凡是老師交代的，一定竭盡全力做到。我在一旁看她苦練鋼琴，卻效果不彰，很是心疼。在我終於研究出問題癥結後，特意找了一天，和宇琪商量：「宇琪，媽媽覺得你的手太小，不適合彈鋼琴，接著學下去，可能也很難有所突破。如果你喜歡音樂，不如改學小提琴，小提琴有大小不同的尺寸，可以按照手的大小來選擇。小提琴也不需要像鋼琴那樣用力大聲的彈奏，是屬於柔美的樂器，比較適合像你這樣身形嬌小的女孩子。」

女兒乖巧聽話，立刻點點頭說：「媽媽，我改學小提琴後，還可以參加溫哥華青年交響樂團，和朋友合奏音樂，應該會比自己一個人練鋼琴更有趣。」就這樣，我們決定放棄鋼琴，改學小提琴。

學音樂是有互通性的，由於多年的鋼琴基礎，宇琪對識譜、樂理，以及曲子的表達都很熟練。改學小提琴，只需要將拉小提琴的技巧學會，便可以突飛猛進。

宇琪明白這個道理，認真學習小提琴技法，整整一年沒有拉任何曲子，只是不斷練習枯燥的音階及技巧。正如我們所預料，一年之後，宇琪的小提琴演奏有如破繭而出的蝴蝶，生動優雅，很快便考入溫哥華青年交響樂團。並且出乎大家意料，以新入團黑馬的氣勢，一舉贏了團內舉辦的協奏曲競賽，成為首席小提琴手，還贏得與樂團獨奏的表演機會。

先生和我高高興興的為宇琪買了漂亮的禮服，並且將表演實況錄下來，放在Youtube上，沒多久就有上萬網友觀賞，宇琪自己

也非常有成就感。這樣的快樂，是多年苦練鋼琴所得不到的。

一個人練琴太孤單

同樣的，從學鋼琴到學小提琴，宇陽卻有完全不同的經歷及感受。

九歲就在國際鋼琴大賽獲獎的宇陽，早已習慣舒舒服服坐在九尺長的史坦威三角鋼琴前，輕鬆自在的彈著一首又一首的鋼琴名曲。跟著姊姊初學小提琴的宇陽，雖然也倚仗著雄厚的音樂基礎，以驚人的學習速度練習小提琴的各種技巧，但宇陽總是扳著臉，不停抱怨：

「為什麼我要站著拉小提琴？」

「為什麼要一直舉著雙手拉小提琴？」

「為什麼左手要扭過來按小提琴的琴弦？」

「為什麼……？」

「為什麼……？」

「為什麼我要學拉小提琴？」

就這樣，我在宇陽不停的抱怨聲中，勉強拉著他跟姊姊一起，學了三年的小提琴。真心喜歡小提琴的宇琪，拉的曲子悠揚動聽。而心不甘情不願跟著姊姊學的宇陽，雖然也通過重重考試，混了一個加拿大皇家音樂學院的小提琴表演級證書，但小提琴拉得實在沒有美感。

記得那時宇陽才十三歲，已經厭煩一個人練鋼琴、表演鋼琴的日子，他說想像姊姊一樣參加溫哥華青年交響樂團，和其他喜歡音樂的小朋友一起表演音樂。

這下麻煩了，溫哥華青年交響樂團根本不特別招收小鋼琴家，而宇陽又不喜歡拉小提琴。擁有無數國際鋼琴大獎的宇陽，竟然無法參加青少年樂團，與同年齡的小小音樂家們一起學習、一起表演音樂。

這時期的孩子是最重視朋友的時候，「學音樂的孩子不會變壞」，在青年交響樂團裡長大的孩子，不但可以在樂團學習音樂，更可以結交無數志同道合的音樂之友，一起學習、一起表演，悠揚的樂曲伴著他們一起成長。這樣的樂趣，是從小孤獨練琴的孩子無法經歷體會的。

既然彈鋼琴進不了青年交響樂團，宇陽又不喜歡拉小提琴，不如再學個大提琴吧？拉大提琴的基本姿勢與彈鋼琴相似，不需要像拉小提琴那樣，舉著手臂，扭著手腕，小心謹慎的提著力氣拉，只要全身放鬆，抱著大提琴，舒舒服服的放開來，坐著拉。果然，舒適的演奏姿勢，讓懶惰的宇陽很快的對大提琴有了學習的欲望。加上熟悉小提琴的弦樂知識及技巧，宇陽很快就對大提琴產生熱情。

事實上，在所有弦樂器中，小提琴是難學的，也最難拉出動人的弦律。小提琴小，左手扭過來按弦時，最難控制音準，如果小朋友沒有很精準的音準概念，根本不可能找到正確的把位及音準。而大提琴由於琴大弦長，位置稍差一點，對音準不會有太大的影響，比小提琴好學多了。

獨一無二的多樂器表演家

就這樣，宇陽學不到兩年，就以大提琴手進入溫哥華青年交響樂團。由於宇陽會彈鋼琴，又會拉小提琴，也會拉大提琴，很快就成了樂團中的名人，溫哥華青年交響樂團指揮科爾先生非常讚賞宇陽的音樂天分，特別在樂團演出時，讓宇陽在大提琴、小提琴，以及鋼琴三種樂器中輪換著演奏。

其實，大多數交響樂團裡最缺乏的弦樂團員，既不是小提琴家，也不是大提琴家，而是冷門的中提琴家。所以現在如果有朋友來問我，該給孩子學什麼樂器好，我會很誠懇的告訴他們，像中提琴這樣悠揚而冷門的樂器，最容易使孩子在音樂上得到成就感。

記得那年溫哥華青年交響樂團招收的中提琴演奏者不足額，指揮科爾先生知道宇陽的天賦，便建議他在樂團中拉中提琴。因為是幫樂團解決中提琴演奏者不足的問題，便由樂團出借給宇陽昂貴的中提琴，用來練習和表演。這下，宇陽仗著深厚的音樂基礎，正式成為溫哥華青年交響樂團獨一無二的四項樂器表演家：小提琴家、中提琴家、大提琴家、鋼琴家。在溫哥華青年交響樂團與溫哥華市立交響樂團同台表演時，著名指揮家托維先生還特別向所有觀眾介紹宇陽的音樂天賦及成就。

觀察孩子的學習狀況，適時調整

「因材施教」是大家耳熟能詳的教育原則，但真正能做到的卻沒有幾個。以學習音樂為例，絕大多數的父母，只是一窩蜂的逼著孩子學鋼琴，學得不如鄰居的孩子快，彈得不如班上的同學好，就說他們不夠認真努力。其實每個孩子天生興趣不同，天賦也不同，父母應該仔細觀察孩子學習的狀況，選擇適合的樂器。

試想，如果我一直讓宇琪苦練鋼琴，不但浪費時間、一無所成，時間久了，宇琪不免有挫折感，開始懷疑自己的能力。長久下去，學習鋼琴不但不會陶冶性情，幫助宇琪發展正面積極的人生觀，反而會在她小小的心靈留下陰影。

直到現在先生都還時常誇獎我，由於當年我的認真觀察，因材施教，正面的引導宇琪改學小提琴，並且鼓勵宇陽轉學大提琴，不只圓了他們的音樂夢，在樂團表演自己適合並熱愛的樂器，也親身經歷了「努力付出，便可以得到收穫」，這正是音樂美化人生的最佳實例。

每個孩子天生興趣不同，天賦也不同，
父母應仔細觀察孩子學習的狀況，選擇適合的樂器。

教養祕笈——每個孩子都不同

・學音樂不等於學鋼琴，有音樂天分的孩子，也不一定有彈鋼琴的天分。

・在樂團學習音樂、以樂會友的樂趣，是從小孤獨練琴的孩子難以體會的。

・多方觀察孩子天生條件與天賦所在，適時調整。

CEO 13

冷門就是熱門

「奧林匹亞數學省賽冠軍，古典鋼琴演奏家，青少年網球隊比賽種子選手……」，這名傑出的華裔子弟，覺得自己各方面的表現優異，一定可以申請進哈佛大學。沒想到，不但被哈佛大學拒絕，也被其他六所常春藤大學拒收。

對這樣從小事事傑出、處處優秀，一心想讀哈佛大學的孩子來說，被所有頂尖大學拒於門外，真如同青天霹靂。熟識的親戚朋友也不能理解，這樣優秀的孩子，為什麼連一所好大學都進不去？

在回答這個敏感的問題之前，讓我們先設身處地把自己想像成哈佛大學招生審查官。

試想，如果是我們，看到數以千計的華裔傑出子弟，有著大同小異的履歷及成就，難道不會懷疑，是否他們都對數學、鋼琴，以及網球有過人的天賦及學習的熱情？還是這無數千篇一律的成長履歷，只是在父母期望及逼迫下的產物？

中國自漢武帝罷黜百家、獨尊儒術開始，偏重「齊家，治國，平天下」

的文科教育。科舉制度不知道誤導了多少科學天才，浪費了自己的理科天賦，拚命做詩、寫文章，希望金榜題名，光宗耀祖。

為什麼中國孩子都學一樣的東西？

近百年來，受到西方文化的影響，我們也明白科學教育的重要性，但似乎仍改不了中國人對「優秀」這個名詞的「統一」定義。只要在某種競賽出現一、兩位揚名國際的傑出華人，華人家長便一窩蜂的送自家孩子去學習那樣才藝，奧數、鋼琴、網球，全是這個原因而成為東方孩子必學的課程。但試問，就音樂天分而言，到底能有幾個郎朗？就興趣來說，到底有幾個孩子，對奧林匹亞數學有學習的熱情？

美國及加拿大都是新興的移民國家，他們立國之本就在於「創新」。北美的頂尖大學，在選拔入學新生時，首重「創造革新」，凡是獲得美國「英特爾國際科學與工程大賽」（Intel International Science and Engineering Fair）的頭等獎，就是美國各頂尖大學爭相錄取的優秀青年。原因很簡單，因為在這種富有權威性的大型科學創新比賽中勝出，直接的證明獲獎學生對科學的熱情及創造力。

在美國頂尖大學中，充滿著來自世界各地的辯論高手，大學校園中，以辯論為基礎的模擬聯合國（MUN, Model United Nations）也十分盛行。主要的原因，就是北美的教育非常重視學生「獨立思考」的能力，透過「辯論」，可以清楚知道學生對不同的議題，是否有清晰獨到的見解。

美國常春藤學府希望招收並培養帶領人們走向新世紀的領導者，而不是尾隨人後、企圖複製別人成功經驗的跟隨者。哈佛大學招生審查官在評審新生時，最重要的考量就是「獨特性」。在無數傑出高中生中，哈佛大學要招收有獨立思考能力、不斷創新，並對自己參加的所有活動，擁有高度熱情的青年。這正是許多傑出華裔子弟被美國頂尖大學拒收的主要原因。「奧數、鋼琴、網球」成了「優秀華裔子弟」的代表，父母或許會為自己的子女感到驕傲，但在外國人眼中，只覺得為什麼華人孩子，全會一樣的東西。

東方的無數鋼琴家

國際鋼琴大賽有個獨特的現象，那就是參賽者百分之八十都是華人，再加上百分之十的韓國人、百分之六的日本人，剩下的，只有百分之四的白人，但最後進入決賽，並且勝出的，卻不成比例。而我認為，無數的華人父母視彈鋼琴為最重要的才藝，拚命逼孩子練琴，是華人自己為孩子製造了這樣的惡性競爭環境。可憐許多華裔小鋼琴家，卯足了勁天天練琴，卻往往在大賽中慘遭淘汰。

另外一點令外國人無法理解的，就是很多的華裔青年鋼琴家，天天練琴，到處參加比賽，但卻不打算學音樂，一心想藉由鋼琴這門特殊才藝，進入名校。

事實上，所有常春藤大學，都有好幾個校園交響樂團。為了創造高品質的音樂，他們每年都要招收各種樂器的傑出演奏者，例如，小提琴、中提琴、大提琴、豎笛、黑管、單簧管等交響樂團的樂器演奏者，唯獨不需要招收鋼琴演奏者。因為多數交響樂團的曲子，並沒有鋼琴的部分。反倒是冷門的樂器，像是中提琴及黑管，因為很少有人會，不但參加各大音樂比賽容易勝出，更因為是校園交響樂團不可或缺的重要樂器，演奏者往往會受到常春藤大學招生官的青睞，以黑馬的姿態被選入美國頂尖的大學。

除了音樂，體育也是同樣的道理。從孩子很小的時候，我便為他們報名多項社區體育活動。在溫哥華這個充滿華人的城市中，可以很清楚看出華人家長對子女參加體育活動的喜好，是偏重「個人才能」，遠離「球隊運動」。

網球、羽毛球、游泳、跳舞的練習場上，隨處可見華人學童，而外國人鍾愛的美式足球、曲棍球、水球，則少見到東方孩子的身影。外國人重視團隊精神，連體育活動，都偏愛「個人才能」的華裔子弟，要如何證明自己有團隊合作的精神？

夠獨特，還要有團隊精神

由於出國的早，我和先生的觀念比較西化，雖然也像傳統的華人父母一樣，送孩子參加各種才藝班及體育活動，但我們非常重視孩子的團隊活動。

記得宇琪宇陽學鋼琴後沒多久，我們便想到，彈鋼琴進不了溫哥華青少年交響樂團，彈得再好，也只能獨奏，能結交的音樂朋友有限。如果學小提琴，就可以加入樂團，與眾多喜好音樂的朋友們一起演奏悠揚的樂曲。只是當時沒想到中提琴的聲音更純厚動聽。宇陽在溫哥華青年交響樂團多年，除了拉小提琴及大提琴，更在樂團指揮的鼓勵下，自學了中提琴。熱愛音樂的宇陽說，他還要學薩克斯風和黑管，希望將來能在樂團裡與精通管樂器的朋友，一起「玩」音樂。

再說到游泳，我們也像無數華人家長一樣，送宇琪和宇陽去游泳隊，接受專業的訓練，在游泳池中一趟趟來回的游。教練拿著碼錶，高喊著：「快一點，再快一點。」雖然游泳可以鍛鍊毅力及耐力，但總是來來回回的自己游，沒多久，宇琪宇陽就紛紛抱怨，說游泳實在太無聊了。

我和先生向來重視團隊活動，立刻想到宇琪宇陽可以加入水球隊，結合游泳及團體球隊運動，一舉兩得。在水球練習及比賽中，也結交了一群與華裔孩子想法不同的運動家朋友，開闊了宇琪宇陽的視野。

當初去打水球，只是不想浪費多年游泳的功夫，沒想到歪打正著，竟跟著球隊贏了省冠軍。如果當初像別的華人家長一樣，不顧孩子的抱怨，繼續逼他們練習游泳，每天在游泳池裡，孤單的與時間競賽，不但孩子失去快樂的童年，在分秒必爭、競爭激烈的游泳比賽中，恐怕連個區賽都無法勝出，更別說什麼省冠軍了。

其實，所有美國頂尖大學都明白指出，希望招收在各個領域有出色表現的優秀人才。所以真的沒必要從小就一窩蜂去學各種「熱門」才藝，勞神傷財，還常常「撞得頭破血流」。學習才藝，應該按照孩子們的天賦，重視他們的喜好，來選擇適合的活動，才能培養出快樂又有獨特見解的優秀青年。

教養祕笈——常春藤學府希望培養的人才

- 帶領人們走向新世紀的領導者，而不是尾隨人後、企圖複製別人成功經驗的跟隨者。
- 有獨立思考能力、不斷創新。
- 對於參加的活動，擁有高度熱情。
- 重視團隊精神。
- 在某個領域或項目擁有出色表現，冷門就是熱門。

按照孩子們的天賦，重視他們的喜好，
來選擇適合的活動。

PART 3

中學誘導教育

青春期的孩子，
正從完全依賴父母的孩童，
長成具有獨立判斷思考能力的大人。
父母必須耐著性子，以誘導式教育，
幫助孩子找尋自己對未來的夢想，
進而全力以赴，開創新局。

CEO 14

青春期的良藥

一扇扇寬大明亮的弧形玻璃窗外，遠望是風光明媚的山景，近看是緊鄰太平洋的各式美麗建築物，幽雅自然的溫哥華市容，在居高臨下的溫哥華總醫院頂樓，盡收眼底。在布置溫馨舒適的大廳中，放著一台褐色的三角鋼琴，與廳內其他溫暖色系的佈置相輝映。

這就是溫哥華總醫院的安寧病房，沒有半點刺鼻的藥水味，沒有駭人的哭喊；沒有家屬及醫護人員的爭執，有的只是平和安詳的氣氛，以及悠揚動聽的音樂。我的父親，在膀胱癌末期時，在這兒平靜詳和的走完他人生最後的旅程。

在父親治療癌症的過程中，時常住在病房裡，有時是為了觀察病況，有時是為了方便化療，我常帶著宇琪宇陽去病房探望外公。

溫哥華總醫院的設備非常好，不但充滿現代化的醫療設備，每個病房都有配套的親人探訪室，擺設溫暖舒適。加上色彩柔和的鋼琴及沙發，就像在自家客廳一樣。

父親原本就喜歡聽宇琪宇陽演奏音樂，我常帶著小提琴，讓兩個孩子在親人探訪室裡為父親表演。悠揚的鋼琴與小提琴合奏，吸引許多其他的家屬，推著輪椅、帶著他們生病住院的親人，前來欣賞宇琪宇陽奏上一曲。

音樂演奏的真諦

參加過無數音樂比賽的宇琪宇陽，一向認為音樂演奏無非就是比賽得獎；看著很多患有病痛的老人，因為他們的音樂演奏，得到心靈上的慰藉，兩姊弟這才深切的體會，音樂演奏的真諦，不是為了表現自我、展示自己的音樂才能，而是藉由優美的樂曲，撫慰人心，使我們有限的生命，在動人的弦律中體驗到無限的祥和與美好。

那時，宇琪正好是溫哥華青少年交響樂團的首席小提琴手，看到醫院裡

音樂演奏不是爲了表現自我才能，
而是藉由優美的樂曲撫慰人心。

的病人們對古典音樂表演的喜愛，宇琪便邀約樂團中的好友，一起來病房演奏。從和宇陽的鋼琴、小提琴二重奏，變成弦樂四重奏，再發展成六、七人的小型古典樂團。樂團的表演不但深受病人及醫護人員的喜愛，更鼓勵了許多小小音樂家學以致用，以他們的音樂天分來回饋社會。

「做義工」是北美中學教育很重要的一環，義工服務時數往往被列在中學畢業必需完成的項目之中。加拿大著名的「愛丁堡公爵獎」也非常強調青少年服務的重要性，希望鼓勵中學生透過服務人群，培養出健康、正直、認真、上進的人生觀。

青春期的孩子不是壞孩子，他們的反抗心理，多半源自於生理上突然從小孩長成了大人，在他們的心中也希望能像大人一樣獨立自主。但畢竟心智還不夠成熟，無法真正獨立，決定自己的人生方向，所以時常為反對而反對。首當其衝的，就是事事為他們計畫周詳的父母，想以此證明他們是有主見、有能力的個體。但事實上，他們似懂非懂，徘徊在最容易走錯方向、迷失自己的時期。

西方教育有鑑於此，將義工服務融入中學正規教育課程中，期盼正值青春期的中學生能在服務人群的活動中，建立樂於助人、謙卑上進的價值觀。

做義工的重要性

在來自兩岸三地的華裔移民家庭中，似乎只有早來的移民真正體會到「做義工」對孩子人格發展的重要性。大部分早年來的移民家庭，不但讓孩子參與學校提供的義工活動，更積極鼓勵孩子在華人社區組織中，參加與華人社團有關的社區服務。

溫哥華的中僑互助會，根據網頁介紹，就是「以加拿大的多元文化為基本，秉持著重視每個人不同的文化背景，以市民的福祉和需要為本，待人以尊重、誠信、尊嚴、互信互助、群策群力，協助不同族裔的新移民融入加拿大社會」。

中僑互助會每年在溫哥華舉辦的中僑百萬行，就結合了許多華裔青少年義工，為中僑宣傳籌款，每年以募得四十萬加幣善款為目標，幫助中僑互助會致力於華人社區服務的重點項目，例如提供家庭輔導、青少年、婦女及耆英等相關服務。

反觀大部分的新移民，由於求好心切，多數覺得做義工擔誤了孩子學習的時間，常常對學校要求孩子做的義工時數，投機取巧、敷衍應付。有些特別富裕的新移民家庭，更以孩子的名義舉辦慈善籌款會。孩子不必真的去籌款，有錢的父母自己掏腰包，充當是孩子籌到的金額，好在申請美國常春藤名校時寫上一筆。殊不知，這樣的做法正是對中學生人格發展上的致命反教育。

美國常春藤名校之所以重視中學生的社區服務，就是希望孩子不只會讀書，更懂得幫助他人，也明白與人合作的重要。父母自掏腰包充當孩子籌來的善款，正是變相的教育自己在青春期的孩子不勞而獲、投機取巧。試問，孩子怎能打從心中信服父母的作風？又如何能聽進父母的話，認真讀書、奮發向上？

從「我」到「我們」

北美的教育十分不同於傳統的華人教育。在這裡，小學生的第一堂課，老師會在黑板上寫上一個大大的英文字母「I」，也就是「我」的意思。在孩子還小不懂事的時候，老師先教育他們要有獨立自主的想法，以自我為中心，勇於表達個人意見。

但上了中學，老師便不再強調「I」（我）了，取而代之的是「We」

（我們）。北美的中學教育，最強調的是互相合作的（團隊精神）。北美著名的「We Day」，就是以「解放童工」（Free the Children）為起點，進而鼓勵中學生一同參與社區義工服務的大型教育活動。在北美十一個城市中，邀請著名學者、企業家、政治家，以及知名藝人，透過大型的舞台節目，來鼓舞中學生學以致用、互助合作，一同為服務社會而努力。

傳統的中式教育則不然。從小我們被教導要做個「聽話，有禮貌的好孩子」，不太重視「自我意識，獨立思考」，彷彿我們只是家庭的一份子，社會的一小部分。聽父母的話，聽老師的話，是好孩子該做的事，不需要表達自己的意見。到了中學，由於升學壓力，競爭非常激烈，在學校裡，同學間互相比較、各自為政，完全不講團隊合作的精神。

青春期的孩子之所以叛逆，就是太注重自己生理上的變化，太以自我為中心。如果此時不做社區服務、不講團隊精神，只會使青春期的孩子更不顧他人，只在乎自己，當然要挑戰父母的權威，處處和父母唱反調，來宣示自己的自主性。

父親因癌症過世後，我仍鼓勵兩個孩子繼續去醫院為其他生病的老人演奏，宇琪更積極主動的成立了「We Youth Help」青少年義工表演組織。從二〇〇九年開始，在大溫哥華各大醫院及養老院舉辦定期的義工表演，從四人弦樂團擴展到三百多名表演者的青年義工團體。在過去六年中，舉辦了數百場義工音樂會，成為大溫哥華著名的青少年義工團體，連不列顛哥倫布省省長都親自寫信，嘉獎大型青少年團隊。

在組織並舉辦義工音樂會的過程中，宇琪學會了許多做人做事的方法，更重要的是，宇琪透過籌備大型的義工音樂會，明白了什麼叫尊重他人、互助合作。「We Youth Help」伴隨著宇琪一起成長，在別的孩子為表現自己獨立自主而反抗父母時，宇琪從一場場的義工演奏會學習到真心關懷他人，並且深切體會，透過自己的能力幫助他人，所得到的滿足感，是其他任何成就無法比擬的。

父母應該多鼓勵孩子去做義工，讓他們明白，有許多人需要我們的幫助。透過義工活動，明白知福惜福，並且積極善用所學幫助他人、回饋社會。這一切是無法在教科書上學習到的，必須親身經歷才能體會。一個明白「施比受更有福」的孩子，才能心存感恩，在人格發展的重要時間，確立自己的人生目標。

教養祕笈——能力不只是用來贏得比賽

- 世界不只有「我」，而是「我們」。
- 透過互助合作，懂得真心關懷與尊重他人。
- 用自己的能力幫助他人，所得到的滿足感，是任何成就都無法比擬的。

CEO 15

比賽的心理學

成功的軍事家及商業家為了擴張軍事及商業領土，都會對自己的士兵及員工進行鼓舞人心的精神教育，目的是讓大家眾志成城，團結一致，朝共同的目標努力奮鬥。父母若希望子女自動自發、認真好學，不妨向這些成功人士學習，從心理學著手，使孩子發自內心的認同，並與父母站在同一陣線，互相合作。有效的運用教育心理學，是成功教育不可或缺的先決條件。

欣賞別人的優秀，也肯定自己的價值

「鼓勵」可說是最簡單的教育心理學。孩子天性喜歡得到父母的肯定及誇獎，十歲以前的孩子，鼓勵式教育可以培養孩子學習各種知識及技能的熱情，從小建立自信樂觀的人生態度。透過溫暖親切的鼓勵式教育，更可以建立良好的親子關係，使孩子對父母產生依賴及信任，為之後的教育奠定基礎。

隨著孩子一天天長大，接觸的人事物愈來愈廣，鼓勵式教育不再是最好的教育方式。孩子在學校與同學們互相學習，也同時互相比較，他們很快就會發現，原來自己不是像家中父母或爺爺奶奶說的那樣聰明優秀。有些同學可以輕輕鬆鬆就考高分，而自己卻做不到。為了保持自己聰明的形象，孩子們自然會傾向逃避：「與其認真努力還考不過別人，不如不要努力，至少還有個藉口，說自己不是不聰明，只是不努力。」這時候是重要的教育關鍵期，若是沒有適當的心理建設，孩子很容易進入不良的負面循環。由於缺乏努力而成果貧乏，漸漸對自己失去信心，對學習失去動力。

對即將進入青春期的孩子，最重要的就是「現實教育」。父母必須讓孩子明白，每個人天生的能力和專長都不同，要懂得欣賞別人的優秀，更要肯定自己的價值。絕不可以因為害怕失敗，擔心比不過別人，自己就先放棄，而不願付出努力了。學習的樂趣在於過程，不在結果；成長進步是與過去的自己做比較，而不是和別人做比較。有了正確的學習態度，才能避免不必要

成長進步是與過去的自己做比較，
而不是和別人做比較。

的挫折感，以健康成熟的心態面對人生多彩多姿的挑戰。

正面的自我認識

從小，我和先生就採用鼓勵式教育，來激發宇琪宇陽對學習的興趣及參與各項活動的熱情，其中最令我印象深刻的，是參加水球比賽的訓練。

在宇陽的水球隊中，有個來自東歐的小男孩，他身材嬌小，卻無比頑皮，總是不聽教練的話，遲到早退，不好好接受訓練。但這小男孩似乎天生就是打水球的天才，可以在泳池中敏捷的繞過所有攔截他的對手，高躍出水面數秒，以強而有力的高速球輕輕鬆鬆灌網得分，宇陽常常看得目瞪口呆，真切體會到何謂「天分」。

從小就缺乏運動天分的宇陽若有所思的告訴我：「媽媽，我想我再怎麼練水球，也不可能打得那樣好。」我立刻告訴宇陽：「每個人天分不同，你可能沒有那麼好的運動天分，但是你的音樂天分很好。人不可能樣樣都有天分，你的音樂天分高，我們的可以多花些時間在音樂上，培養出專長；你的運動天分差些，我們可以將它當興趣，在欣賞別人天分的同時，也可以鍛鍊身體，並且多一個運動愛好。」

有了正確的自我認識及學習態度，宇陽對自己的運動能力，並沒有過高的期望，只是以健身為目的去參與練習。這樣正確的態度，不只使他對水球始終保有濃厚的興趣，並且願意嘗試學習新的運動。

宇琪從小運動細胞就比宇陽發達，十五歲就順利考上加拿大全國滑雪教練。和宇琪同時考上的，全是從小父母就常帶去雪山上滑雪的外國人，像宇琪這樣一年只上一星期滑雪課就可以考上滑雪教練，幾乎是天方夜譚了。我常覺得，如果提早發現宇琪的滑雪天分，從小送她到冬奧雪山，接受專業的訓練，或許有機會成為滑雪的奧運選手。

宇陽跟著姊姊學滑雪，自己知道滑雪天分比姊姊差很多，但他告訴我們：「雖然我再怎麼練，也成不了奧運滑雪選手，但我多花些工夫，認真練一練，考上滑雪教練應該不成問題。」這樣正面的自我認識，讓宇陽保有了學習新事物的熱情。在勤奮練習下，他也順利在十六歲時通過考試，成為加拿大全國滑雪教練。

教育心理學不只幫助孩子建立正確的學習態度，激發學習新事物的熱情，在參加各種激烈的競賽的過程中，更是不可或缺的重要環節。在兩個孩子學習音樂的過程中，我們認識了許多極有音樂天分的孩子，但卻因為沒有適當的利用教育心理學，為孩子做適切的參賽心理準備，導致功虧一簣，不只輸了比賽，更輸了孩子對自己的信心。

參加任何比賽，最重要的就是自發性，必須是孩子自己願意參加比賽，挑戰自我，而不是父母逼孩子參加。鼓勵式教育最適用在激發孩子的參賽意願及熱情，只要孩子發自內心的願意去做，就已經成功了一半。

三階段比賽心理學

接下來便是要讓孩子明白充分準備的重要性。所有參加比賽的人都希望贏得比賽，也會為此認真練習。一旦下定決心參賽，就要明白「一分耕耘，一分收穫」的道理，要以比賽的要求及標準，精益求精的反覆練習、認真準備。我常告訴宇琪和宇陽，如果按照一百分來準備，比賽時不小心出了一點錯，仍有九〇分；但若對自己要求很低，按照八〇分來準備，一旦出了錯，

參加任何比賽，最重要的就是自發性，
不是父母逼孩子參加的。

可能就掉到六〇分以下，以不及格被淘汰了。

到了接近比賽前一兩個星期，父母就該告訴孩子，說他已經準備得非常充分，增加孩子對自己能力的信心。如果此時父母還不斷強調充分準備的重要，只會加重孩子對比賽的恐懼感，想像著別的參賽者可能比自己厲害很多，結果徒增孩子的心理壓力，適得其反。

到了參賽前一兩天，更是心理建設的關鍵時刻，必須讓孩子徹底明白，比賽的重點不在輸贏，而在過程。為了準備比賽而努力練習，自己的實力大有進步，這就已經贏了。不需在意比賽輸贏，只要盡全力參賽，就是最光榮的勝者。這樣的教育哲理，消除了孩子對「輸」的恐懼感，才能有更好的臨場發揮及表現。

我認識無數「望子成龍、望女成鳳」的父母，經常忽略了教育心理學的重要性。首先，不管孩子願不願意參加比賽，就逼孩子報名。而後認為時間尚早，不認真準備，直到比賽前幾個星期，才逼孩子練習。到了比賽那天，便告訴孩子「必須贏」。這種錯誤的態度，等於是自己將孩子推入負面循環：因不想參賽而不準備，因準備不足而表現不佳，因表現不佳而對自己失去信心，因對自己失去信心而不想再試。結果便是浪費了孩子的天分，不但輸了比賽，還輸掉孩子對自己的信心和對生命的熱情。

父母要懂得在孩子學習成長的各個階段，只問過程，不問名次，有效的運用教育心理學為孩子做好心理建設，正確的引導孩子發展出積極健康的人生觀。

教養祕笈——

比賽三階段的教育心理學，培養孩子的失敗耐受度

- 前提：參賽的自發性，確認孩子是自己想要參與。
- 階段一，賽前充分準備：孩子要以最高標準要求自己。
- 階段二，賽前一兩週：告訴孩子「你已準備充足」，增加信心。
- 階段三，賽前一兩天：告訴孩子「比賽關鍵不在輸贏，而在過程」，只問努力，不問名次，消除孩子對輸的恐懼。

CEO 16

成功的捷徑在哪裡？

加拿大溫哥華環境優美，多次被評選為世界上最適合居住的城市，更吸引了來自全球各地的人們移民定居在這自然美麗之地。其中，來自兩岸三地的華人，更是一波波擁入溫哥華。從十多年前香港、台灣的移民潮，到這幾年來自中國的新移民，唯一不變的，就是他們全為了讓孩子能在這裡接受最好的教育。

無數的全職媽媽，除了每天接送孩子上下課，還陪著孩子參加各種活動。偶爾與朋友閒聊，話題不外乎與孩子相關的課業考試及音樂比賽。每個媽媽都竭盡心力，希望為自己的孩子披荊斬棘，找到通往成功的康莊大道。溫哥華的「拼媽時代」是所有華人家庭的真實寫照，然而，成功的捷徑到底在哪裡？

都說「老大照書養，老二照豬養」，初為人母的我，對大女兒宇琪的教育可說是精心策劃。

宇琪三歲學游泳，四歲學鋼琴，五歲學花式滑冰，乖巧懂事的她認真好學。不出幾年工夫，所學才藝都小有所成，是到了更上一層樓的學習階段了。

多方打聽下，我將宇琪送入游泳及花式滑冰的專業青少年訓練隊，也為她換了一個著名的鋼琴老師，希望宇琪能在各項競賽中，取得優異的成績。

專心備賽的沒得獎，跟著去玩的贏不停

但天不從人願，過不了多久，我就發現，在各類競賽中，優秀傑出、天賦異稟的孩子比比皆是。

就拿游泳和花式滑冰來說，我覺得宇琪已經學得夠快夠好了，但經過幾年苦練，連想進入省賽都不太可能，更別說贏得名次。

正好那時一同學習花式滑冰的小女孩因茵，參加全國鋼琴大賽得了第二

名，鼓勵了我們，也想跟隨她成功的足跡去試試。在之後的一兩年，我將宇琪的學習重點放在鋼琴上，每天在家裡苦練鋼琴。為了參加全國鋼琴大賽，常常參加地方性的鋼琴比賽，希望得到多一些參賽經驗。

當時我們也把宇陽一起送去比賽，但心中總是希望宇琪能獲獎。至於弟弟，由於年紀還小，我們都抱著讓他跟去一起玩玩、順便見見世面的心理。沒想到，專心練琴的宇琪，在鋼琴比賽中並沒有什麼優異的成績，反倒是跟著去玩的弟弟，總得到鋼琴評審的讚賞，大獎小獎不停的拿。

看著女兒的辛苦付出沒有回報，我心中很是心疼。

經過多次鋼琴比賽，我們也終於明白，宇琪天生手掌小、手指短，其實不適合彈琴，再練下去，恐怕也不會有什麼成果。於是我便和宇琪商量，不如改學小提琴。

有學鋼琴時累積的紮實音樂基礎，再加上宇琪的認真練習，很快的，小提琴就拉得悅耳動聽，不但贏了溫哥華青少年交響樂團的協奏曲大賽，成為樂團的首席小提琴，更在多個地區性的弦樂比賽中得到第一名。

宇琪的小提琴老師和我們，對於宇琪傑出的表現都非常高興，一心希望她能在加拿大全國小提琴大賽，得獎奪魁。

再怎麼努力也沒用？

不知道是宇琪運氣不好，還是溫哥華弦樂水平太差，宇琪在溫哥華地方性小提琴比賽中，無往不利，場場得第一，但竟然在加拿大全國音樂大賽的第二輪省賽時，慘遭淘汰。這突如其來的打擊，使得一向情緒平和的宇琪當場大受刺激，淚流不止。

同個時期，宇琪不但在小提琴練習上花了很多工夫，也對全國英文拼字大賽充滿濃厚的興趣。受到二度奪下加拿大拼字冠軍費諾納—哈克特的鼓舞，宇琪一心想成為大溫哥華區拼字冠軍，得到在首都渥太華參加電視實況轉播的拼字大賽總決賽的機會。為了準備比賽，宇琪每天自動自發花上好幾個小時研究並背誦厚厚的《牛津大字典》，也年年參加競爭激烈的拼字大賽。

參賽第一年，宇琪就以豐富的英文單字的字彙量進入區決賽。第二年，得到大溫哥華區拼字第三名。到了第三年，由於宇琪在學校跳了一年級，已經是八年級的學生，如果再不能贏得冠軍，明年就無緣參加拼字大賽了。經過將近三年的準備，在宇琪小小的腦袋中已經有數萬個英文單字的字彙量，應該是大溫哥華賽區最有實力的參賽者。

那一年，我們全家不單為宇琪加油打氣，更殷切期盼她能在這最後一次的機會，成為大溫哥華區拼字冠軍，得以進軍渥太華的全國拼字總決賽。但天不從人願，正當冠軍近在咫尺時，宇琪拼錯了一個字母，以第二名的成績，含著淚水走下拼字大賽的舞台。

多年的努力，卻始終無法實現夢想，心中的失望及遺憾真是不言而喻。看著刻苦上進的女兒，多年的努力卻始終得不到應有的回報，我不禁在心中問自己，走向成功的捷徑，到底在哪裡？

發自內心的努力

上了中學後，我除了鼓勵宇琪用音樂專長在醫院及養老院舉辦義工音樂演奏會外，對其他競賽類的活動，並沒有特別重視。可能是心中擔心宇琪再像音樂比賽及拼字大賽那樣，花費多年的工夫，卻始終無法如願以償。但宇琪有股天生不服輸的勁，以一字之差，不能再參加英文拼字全國大賽後，宇琪反而更積極的在高中參加各種學校舉辦的競賽，從數學競賽到知識競賽，努力準備的態度不減當年。

這使我想起有一年，我去參加宇琪學校的親師座談會，我向老師提出我對宇琪參加英文拼字大賽的憂慮：「這個比賽，實在運氣的成分太大，不論會了多少英文單字，只要在比賽的台上說錯一個字母，就會立刻被淘汰。這樣會不會在孩子的心靈上留下陰影，認為再怎麼努力，都沒有用？」當時，有多年教學經驗的加拿大小學老師，毫不猶豫的告訴我：「只要是發自孩子內心的意願及努力，即使失敗了，也會轉變為再接再厲的動力。」多年後，從宇琪努力不懈的態度，真正印證了當年老師所說的話。

在準備英文拼字大賽的那幾年，宇琪不但習得龐大的英文字彙量，更在研習《牛津大字典》的同時，增加了許多平時不容易接觸到的知識。再加上大量的背誦英文單字，鍛練出宇琪過人的專注力以及記憶力，不但使宇琪各個學科的成績優異，更在十一年級時代表學校參加加拿大全國知識大賽，在多倫多得到全國第三名。

雖然宇琪在音樂比賽方面始終沒有我們當年預期的優異表現，但她善

只要是發自內心的努力，
即使失敗了，也會轉爲再接再厲的動力。

用自己的音樂才能及組織能力，創立了青少年義工音樂演奏組織「We Youth Help」，帶領幾百個青少年音樂家，以他們的音樂天分回饋社會，受到溫哥華各大醫院及安養院的喜愛及感謝。而宇琪也在一場場的義工表演中日漸成熟，長成一個有愛心、懂付出的好青年。

原來這樣就是成功了

女兒的求學生涯，似乎沒有兒子來得平坦順暢，幾乎都是付出的努力，多於得到的榮耀。但在一次次失敗的過程中，宇琪培養出超越常人的決心及毅力。記得宇琪十五歲時，由游泳隊轉為水球隊，雖然靠著多年的游泳基礎，水球打得還不錯，但與其他強壯的水球隊員相比，還是差了點，每到重要比賽，總是充當後補球員的時候多。

那年一場關鍵的水球爭霸賽，我方的兩位主力水球隊員，被裁判罰下場，宇琪只好上場打硬仗。由於雙方勢均力敵，一直分不出勝負，不停延長加賽。我方又因為主力球員犯規，被罰下場，根本無人可替換。

水球比賽攻防轉換速度很快，瞬間完成，必須滿場反覆不停來回的游，還要應付對方球員在水底下的拳打腳踢，是個十分野蠻並且耗費體力的運動。像宇琪這樣的二線球員，根本沒辦法在水中支撐那麼久。但宇琪知道那場比賽的重要性，咬著牙在水中頑強堅持。在最後一場加賽中，我方終於成功的投籃進分，奪得了省冠軍。宇琪也因為必勝的決心，以及堅強的意志力，為自己的體育履歷寫下了難忘的一頁。

通往成功的道路，沒有捷徑，凡走過的，必留下痕跡。只要孩子確立目標，堅持努力，或許成功沒有按照所預期的時間和形式到來，但只要堅定信念，努力不懈，「成功」就在前方等著你。

教養祕笈——成功沒有捷徑

- 看重付出的努力，多於得到的榮耀。
- 在一次次失敗的過程中，培養出超越常人的決心及毅力。
- 成功不一定會按照你預期的時間和形式到來，重要的是確立目標，堅定信念，努力不懈。

CEO 17

計畫勝過變化

多年前，當我每天忙著接送宇琪宇陽上音樂課、游泳課、溜冰課及滑雪課等幼兒才藝班。很多先生從中國來的朋友，非常看不慣我這個台灣媽媽把孩子的時間排太滿，對我說：「要給孩子多一點自由玩樂的時間，不用學東學西的。像我們從小除了上學，什麼也沒學，還不是以傑出的課業成績移民北美。」

當年的話言猶在耳，一晃眼快過了二十年。新一代的中國移民，對孩子的課業輔導及課外活動極其熱中，其瘋狂的程度，令我這個從小重視教育的全職媽媽都嘆為觀止，望塵莫及。

從額外的才藝都不用學，到現在琴棋書畫、各項運動，無一不學。顯然在這二十年間，中國不僅經濟蓬勃發展，對於孩子教育的重視程度，更是有翻天覆地的變化。

慶幸的是，好在我當年沒有接受先生朋友的「善意規勸」，一直以來，始終維持一貫的教育方針，以德智體群美五育並進為原則，來培育兩個孩子。

當年和先生同期的中國留學生，由於社會環境普遍貧窮，根本沒有學習課外才藝的經濟條件及社會風氣，全是靠自己努力讀書，以優異的成績申請獎學金，才能出國留學，進一步定居北美。現在大環境完全不同了，隨著經濟的改善，家家戶戶以孩子的教育為第一要務，親友聚會聊天的內容，不外乎孩子學了什麼、會了什麼、參加什麼比賽、得了什麼獎品。

變來變去教不好

有些家長在好勝攀比的心態下，今天聽到鄰居家的孩子鋼琴比賽得獎了，趕緊給自己的孩子上鋼琴課，明天聽到同事的孩子贏了奧林匹亞數學競賽冠軍，趕緊給自己的孩子上奧數班。然而，教育是日積月累的工夫，若是朝三暮四、見異思遷，不停給孩子增加新的學習項目，或頻繁改變學習課程，只會樣樣蜻蜓點水、學無所成。

多年前，我和一個孩子尚小的媽媽聊天時，無意間提到，如果孩子不是對鋼琴或小提琴特別感興趣，不如學大提琴或其他管樂器，不但因為學的人少，競爭沒那麼激烈，還可以參加青少年交響樂團，結交更多有音樂天分的好朋友。沒多久，這位認真的媽媽就把她的孩子送去學大提琴。學不到一年，就聽她抱怨大提琴老師不好，孩子都沒興趣拉琴，也不花時間練琴。後來在電視節目上看到美國前總統柯林頓薩克斯風吹得很好聽，想改學薩克斯風。就這樣過了將近一年，又聽她說，吹薩克斯風不能進青少年交響樂團，要再改學黑管。這麼左一年，右一年，已經平白浪費了兩三年，孩子都上中學了，學校課業也加重，我心想，真是白白耽誤大好的學習時間。

從教育觀點來說，「計畫趕不上變化」是絕對無法有效教育孩子的。不論學習任何特殊才藝，或任何一門學科，都有一定的困難度，必須要長期並合理的計畫，再加上日積月累的工夫，才有機會學有所成。每個孩子在個性及才智上都各有不同，孔老夫子在二千五百年前就告訴我們「因材施教」的重要性，可是絕大部分的現代父母，花了太多的時間去打聽別人的孩子學了什麼、會了什麼，而忽略了用心觀察自己孩子的興趣及潛能。

不必跟流行

位處寒帶的加拿大，溜冰滑雪等冬季活動十分普及，幾乎每個加拿大的小孩子，都從小在社區活動中心學溜冰；宇琪也不例外，一歲多學會走路後沒多久，就開始學溜冰了。宇琪總是認真的在溜冰場上一遍又一遍練習老師教的溜冰技巧，很快就完成了加拿大社區活動中心提供的所有基礎溜冰課程。

當時和宇琪一同學溜冰有好幾個女孩子，都學得很好。她們的媽媽都很自豪自己的女兒有溜冰天分，在互相競爭攀比的氣氛下，紛紛找了我們社

別太在意別人孩子學了什麼、會了什麼，
而忽略了用心觀察自己孩子的興趣及潛能。

區的名人，也就是冬奧花式溜冰銀牌得主卡琳・邁格尼森，當孩子的溜冰教練。看到別的媽媽心比天高的將女兒送上花式溜冰奧運之路，我雖然也有點動心，但總覺得宇琪的溜冰天分還到不了奧運的水平。如果只為了和身邊的媽媽們比高下，就花錢費時的送宇琪走上專業花式溜冰的訓練之路，難保將來不會落個得不償失，一事無成。

送宇琪學溜冰，一方面是因為這裡的孩子都會溜，另一方面則是為了運動強身。所以當我們決定不再往花式溜冰的方向走後，就想著再給宇琪找一個喜歡的體育活動，一邊學習新的活動，一邊鍛練強身。

那時五歲的宇琪正適合學滑雪。溫哥華雖氣候溫和，不常下雪，但溫哥華市卻有三座雪山環繞，滑雪場設備完善，提供正統並富有趣味的幼兒滑雪課程。宇琪因為有很好的溜冰基礎，學滑雪也觸類旁通，很快就對滑雪充滿了濃厚的興趣。

由於宇琪從小內向害羞，常常面無表情，但自從在雪山上學滑雪，近距離的感受到大自然的神奇與壯觀，小小的宇琪也愈來愈健康活潑，比在室內溜冰場學溜冰時生動開心多了。就這樣，我們每到冬天，就送宇琪去雪山上學滑雪，沒有什麼別的要求，只以鍛練身體為目的。沒想到宇琪十五歲時就考上加拿大滑雪教練證書，之後在二〇一〇年冬季奧運會的賽普拉斯雪山（Cypress Mountain）上教滑雪。回頭想想，好在當年沒有一窩蜂跟著別人去追尋花式溜冰的奧運夢。

訂定合理的目標，嚴格執行

宇琪個性乖順，只要父母幫她選好方向，她都會按部就班學習，做的總是比我們預期的好；宇陽就完全不同了，什麼都「拒學」，就連由媽媽陪同參與的基礎幼兒游泳課，都要大哭大鬧拒絕。

面對宇陽的無理取鬧，我也不必深究他亂哭胡鬧的動機，學會游泳不過是一般求生的技能，更是加拿大的孩子都會的體育項目。所以不論宇陽是天生怕水還是存心偷懶，不想學習或不練習新的技能，都不該被姑息。於是我一次又一次幫宇陽報名同等級的幼兒游泳課。心想，如果其他的孩子都能在這個課程中學會游泳，宇陽一定也可以。終於皇天不負苦心人，宇陽進展緩慢的學會所有游泳的技能，若干年後，也跟著姊姊宇琪參加了社區游泳隊。雖然宇陽始終游得不是很快，但多年的訓練不但使宇陽在中學時期就考上加拿大救生員執照，更憑藉著他培養多年的水性，參加社區水球隊，分別在二

○一一及二○一二年跟著優秀的隊友打出了兩個省冠軍。

宇琪和宇陽去哈佛讀書之後，我常常自己去游泳健身。有時碰上幼兒游泳班下課，一群群的媽媽在更衣室中一邊幫自己的寶寶洗澡，一邊不停探問別人的孩子是否考過這一次的游泳等級。

看著她們，不禁讓我回想到宇琪宇陽小時候，我似乎從沒有在意過別人的孩子游泳等級考過沒。可能是因為宇琪總是一次就過，我不需要和別人比較，而宇陽則是次次都不過，我也不想和別人比。但是，不論是聽話乖巧還是任性胡鬧，只要父母認清目標，堅守原則，就可以培養出一樣優秀的孩子。長大後的宇琪宇陽，同樣擁有游泳及滑雪教練的資格，新認識的朋友沒人能看出他們學習體育之路，竟然有這麼大的差異。

我的經驗是，成功的教育必須堅持二個原則：第一，謹慎訂定可達到的目標；第二，嚴格遵守可執行的計畫。

以運動為例，若是讓孩子以拿奧運獎牌為目標，每四年全世界只出三個

成功的教育必須堅持二個原則：
一，謹慎訂定可達到的目標；
二，嚴格遵守可執行的計畫。

女子花式溜冰得主，訂定這樣的目標，就和叫孩子上天去採星星一樣，只會使孩子失去原本的熱情與動力。相反的，如果依照孩子的能力，制定可達到的目標，像是考上游泳或滑雪教練，就可以為孩子提供努力的動力。

目標一旦確立後，就必須確實遵照可執行的計畫，不能因為孩子懶惰任性胡鬧，或者其他突發的原因而中途放棄。教育靠的是積年累月的工夫，如果計畫總是不能勝過變化，必定會徒勞無功。

教養祕笈——「計畫趕不上變化」是無法教好孩子的

・不跟別人互相攀比，不跟流行學習才藝。

・不停給孩子增加新的學習項目，或頻繁改變學習課程，只會樣樣蜻蜓點水、學無所成。

・不論孩子是聽話乖巧還是任性胡鬧，只要父母認清目標，堅守原則，可以培養出同樣優秀的孩子。

CEO 18

好學生，不想全力以赴

「皮特最近練小提琴非常認真，不但依照老師說的一個樂句接一個樂句揣摹樂曲的神韻，更精細的一個音符接一個音符的練音準，最近小提琴的演奏水平真是大有進步。如果去年參加加拿大全國音樂大賽前，可以這樣心無旁騖、專心一致的練小提琴，可能早贏了全國音樂大賽。可惜去年比賽前不認真練琴，現在馬上要考SAT了，卻天天花好多時間在練小提琴。練小提琴是值得鼓勵的好事，可是眼看下個月就要考SAT，難道不該多花些時間精力讀書嗎？我想說他，卻不知從何說起，畢竟充滿熱情的認真練琴，是件好事啊！」

聽完我的好朋友，也就是皮特的媽媽，充滿憂慮的說起兒子在考SAT前不讀SAT，卻拚命在練小提琴。我很直接告訴她，這是典型的好學生害怕失敗、不想全力以赴的逃避心理。

皮特考SAT前不花時間認真念，是為了給自己預留考不好的藉口，「不是我不夠聰明，只是我之前沒時間，讀得不夠」；而現在不參加小提琴比賽了，卻拚命練小提琴的原因，是為了證明自己是努力上進的好學生。

愈是好學生，愈求好心切，愈害怕失敗，往往不自覺的臨陣卻步，為可能發生的失敗預留藉口。父母在這個時候，必須洞悉孩子害怕失敗的膽怯心理，告訴他們對於任何比賽或考試，一定要全力以赴的去準備，不要太在意結果。只要事前提早計劃、按部就班的努力準備，無論成績好壞，都是值得自豪的勝利者。

不怕批評，不畏失敗

說實話，宇琪宇陽從小參加學術、音樂、體育等方面的各項競賽，從來沒有這種參賽前不想全力以赴的逃避心態。我和先生從小就灌輸他們正確的參賽觀念，「全力的準備比賽，再積極去試試你的運氣（Do your best，and

告訴孩子只要提早計劃、努力準備，
無論成績好壞，都值得自豪。

try your luck）」。

任何比賽及考試都有一定程度的運氣成分，準備愈充分，運氣的成分愈低，成功的可能性愈高。尤其是像鋼琴大賽這樣主觀性很強的比賽，只能充分準備後，再期待碰上喜歡你的評審，才有可能勝出。如果太在意比賽結果，期盼自己的表演總是得到評審的賞識，那無異是要求過高，自找麻煩。

從小參加鋼琴比賽最大的收穫，就是「不怕批評，不畏失敗」。溫哥華是個熱中音樂教育的城市，各式各樣的音樂節提供多不勝數的非競爭性或競爭性音樂比賽。非競爭性音樂比賽顧名思義，沒有名次之分，只是提供喜歡表演音樂的孩子一個正式的表演機會，有專業的音樂家做細節講評，主要以鼓勵音樂學習為主旨。而競爭性的音樂比賽，就是仿照大型音樂競賽，由一位或數位評審，在聽完所有參賽者的演出後，依照參賽者的表現選出優勝者。

只問努力，不問名次

宇陽從小就自然流露出過人的音樂天賦及舞台魅力，在各大小鋼琴比賽總能得到滿堂如雷的掌聲，成為觀眾票選第一名。但出人意料的，在評審講評後、公布名次時，十有八九，宇陽都不是第一。不但如此，常常明顯彈得比宇陽差的孩子，反而得到更高的分數。小小的宇陽對明顯不公的評審，常常充滿憤怒，我們做父母的看到孩子的努力得不到鼓勵，心中也是非常擔憂。

記得當時宇陽的鋼琴老師告訴我們，絕大多數的音樂節都是由當地的音樂老師所贊助，他們當然要保留名額來鼓勵自己的學生。我們送孩子去參加鋼琴比賽，是為了給他們提供大量舞台表演的機會，來實際練習他們所學的曲子，並鍛鍊他們臨場表演時的台風。我們告訴宇陽，只要事前有努力練習，表演時發揮出自己最好的演奏水平，這次表演就成功了，而不要去在意名次的高低。

就這樣，宇陽在參加無數鋼琴比賽中長大，進步的不只是他彈鋼琴的技術，更重要的是培養出「只問努力，不問名次」的成熟心態。

「我對讀書沒興趣」只是藉口

好學生不想全力以赴、怕失敗的心態，可能表現在各個方面。其中最常見、也最容易唬弄父母的，就是以「不合興趣」為藉口，來逃避進一步的學習及努力。

現代父母多能認同，讀書求學問並不一定是孩子成功唯一的途徑，在音樂界、藝術界、體育界，甚至娛樂界等，都有傑出的人才，並不一定要靠讀書才能有光明前途。許多高中學生在面臨沉重的大學升學壓力時，心中不自覺的想要逃避，此時最能說服父母認同自己的理由，就是「我對讀書沒有興趣，也沒有天分，但我對音樂（或藝術）有興趣，也有天分」。

父母往往覺得自己的孩子最好、最有才華，當一向表現不差的孩子說自己對讀書沒興趣，想往音樂（或藝術）發展，做父母的也會覺得或許該尊重孩子的意願及興趣。殊不知，這樣不明就裡的開明及愛心，助長了孩子好逸惡勞的逃避心理，並為不想更進一步努力讀書的孩子，提供了合理的逃避方式。

北美的中學，大都有各種校內社團活動，提供學生除了主科以外的課外活動，例如音樂、體育、藝術等。主要以培養愛好為出發點，而不是以培訓專業人才為目的。

宇琪宇陽創辦的青少年義工表演組織，是大溫哥華著名的青少年音樂社團組織，常常邀請多種不同中學音樂社團的成員，參加義工音樂會的演出。其中的青少年義工音樂表演者，雖不如那些溫哥華青年交響樂團的成員來得專業，但他們的表演也是非常溫暖親切，富有樂趣。

在音樂表演活動中，我們也認識了許多有才華的中學生，他們大都在學校裡功課名列前茅，雖然沒有接受過專業的音樂訓練，但對音樂有很大的興趣，並參加許多與音樂有關的社團活動。由於音樂社團活動，往往是由學生主導，以自由愉快的形式進行，比起學校裡的正規課程，自然是輕鬆有趣許多。因此，許多沒有從小接受專業音樂訓練，但卻喜愛音樂的中學生，在高二高三這個學校課業負擔加重、升學壓力倍增的時期，容易萌生想放棄傳統學科、轉讀音樂系的念頭。

選擇逃避，事情不會變容易

宇琪宇陽從小跟著專業的老師學習音樂，參加各級音樂比賽，小小年紀就拿了加拿大皇家音樂學院鋼琴，小提琴和大提琴三種樂器表演家證書，可說是從小在溫哥華音樂界長大。我們認識的音樂家庭不在少數，深深明白，要進入北美著名的音樂學院主修音樂，絕不是件容易的事。不但需要精通一到兩種樂器，還必須是音樂大賽的獲獎者。如果從沒接受過專業音樂訓練，只是靠著對音樂的喜愛及熱情，想從高二或高三才開始準備申請音樂學校，是很難成功的。

由於我認識很多喜愛音樂的孩子，通常碰到這樣的情形，我都會很誠懇的建議他們，別誤以為「如果改學音樂，一切都會變得容易」。事實上，有無數從小接受專業訓練的小音樂家，正在為申請音樂學校而做最後的準備及衝刺，主修音樂這條路，絕不像參加課外音樂社團，或從事義工表演這樣簡單。

許多課業成績不錯的孩子，在即將要升高二或高三的時候，可能對自己有過高期望，導致心理壓力過大，所以不自覺想改走一條看起來更容易的路。但事實上，成功的道路，沒有一條是容易的，真正最應該做的，就是正視升學壓力，認真研究哪些學科是必須要在高二高三時拿高分的，並且全力以赴。

至於音樂方面的才華，可以當做特殊才藝，證明自己不只是會讀書，還有傑出的音樂才能。如此一來，更能展現個人的獨特性，也更有機會被美國著名大學錄取。如果真心喜歡音樂，可以在進了大學後，再申請雙主修或是副修音樂，這才是實際可行的方式。

除了音樂之外，學藝術也很容易成為中學生合理逃避升學壓力的藉口。畢竟藝術比較主觀，再加上做父母的我們可能看自己孩子什麼都好，所以當孩子突然說對藝術有興趣時，我們也會自我懷疑，是否一直忽視了孩子真正的天分所在。

在多元化的時代，讀書確實不是走向成功唯一的一條路。音樂及藝術這些較主觀的領域，雖不若傳統學科以分數定能力，但並不表示音樂及藝術就沒有它們審核的標準。部分功課尚好、對自己的未來充滿期待的學生，一旦面臨升學壓力，往往心生恐懼，生怕自己全力以赴後也達不到理想目標，膽怯之情油然而生；如果又有一條父母認同且又聽來輕鬆愉快的路可走，又何必認真苦讀。這時候，以興趣為藉口，找個合理又簡單的壓力出口，是非常自然的事。

父母必須洞悉孩子這種逃避的心態，理智的為孩子分析現實，使他們明白並全力以赴面對挑戰，才是正確的人生態度。

教養祕笈——讓孩子確定目標，全力以赴

- 任何比賽及考試都有一定程度的運氣成份，準備愈充分，運氣的成份愈低，成功的可能性愈高。
- 在競賽中得到的不只是能力或技術，還有「只問努力，不問名次」的成熟心態。
- 因為逃避升學壓力，改學其他專業，並不會比較容易。讀書確實不是走向成功唯一的一條路，但改走其他的路，學習壓力也不會消失。

CEO 19

一人三重奏樂團

加拿大全國廣播公司（CBC）對宇陽十六歲時製作的一人三重奏樂團（One Person Trio）音樂影片，推崇有加。

一個高中學生，能精通一門樂器已經非常不容易，宇陽不但精通三種樂器（鋼琴、小提琴及大提琴），並將自己分別演奏這三種樂器的實況錄下來，利用電腦科技影音技術合成，創造了由他自己一人演奏著名作曲家孟德爾頌的三重奏音樂影片。古典音樂界前輩敬佩的說，再過幾年，宇陽就可以出一人樂團專輯了。

宇陽自小開始，不論我讓他讀書還是練琴，他首先胡鬧反抗，看起不了作用，便開始談條件，能少做多少算多少。所幸姊姊宇琪不但沒有被弟弟的無理取鬧影響，她似乎從小就看不慣弟弟天天無所事事、不思學習，常常在弟弟的哭鬧聲中繼續練琴。就這樣日復一曰，宇陽在不知不覺中對姊姊彈的古典鋼琴曲也愈來愈感興趣，總是不自覺的邊玩邊哼姊姊平時練習的曲子，並不時走到鋼琴邊，也想彈彈看。

記得我在電視上看過美國演員比爾・寇司比（Bill Cosby）主持的脫口秀節目，邀請一個五歲大的男孩，說他是個音樂天才，可以背對鋼琴，光靠聽力就可以分辨出主持人在鋼琴上彈的是哪一個琴鍵。那時我對音樂學習還不太懂，心想這五歲大的男孩真神奇。而我和宇琪宇陽一同學習音樂多年後才知道，只要在七歲以前給孩子專業的音樂音準教育，有一半以上的孩子都可以發展出這樣的能力；但如果七歲前沒有接觸過音樂的訓練，腦中相關的音樂細胞便會因為沒被開發而萎縮，之後再也沒有機會重新學習；換言之，就是徹底浪費了音樂的天分。

從小開發音樂聽想能力

美國音樂教育家艾德溫・戈登（Edwin E. Gordon）曾經提出著名的幼兒

音樂聽想理論，音樂聽想就是在腦中對音樂的理解，不需透過實際的表演，就已對所要演奏的音樂融會貫通，可以在自己的腦中演奏。他強調音樂學習思維的重要，並說：「音樂聽想之於音樂，正如同內在觀點之於演講的重要性。」他也指出，雖然每個孩子天生的音樂潛能不同，在九歲以前，可以通過專業的音樂學習而有所進步，但以後就無法通過後天的學習而進步。

加拿大的音樂教育非常完善且有系統，音樂老師都根據皇家音樂學院的教材來教授各種樂器，教學教材包括音階練習、樂理知識、表演技巧，以及演奏曲目，按照難易程度分為一到十級，再加上演奏家級及教師資格級，完成皇家音樂學院的十級考試，就相當於從一個頗富盛名的音樂學校畢業。

由於美國並沒有全國統一的音樂學院及考試制度，幾個美國的大城市，像舊金山及洛杉磯，也有加拿大皇家音樂學院的教材及考場。許多從台灣移民來加拿大的家庭，更是立刻讓孩子按照加拿大皇家音樂學院的教材來學習樂器，宇琪也不例外。我只是沒想到在一旁聽的宇陽，也能在不知不覺中，隨著姊姊一級一級的進步，耳濡目染。

雖然宇陽四歲前從未真正學過鋼琴，但每天聽姊姊有系統的練習，宇陽的音樂聽想能力早已超出我們想像，從四歲開始正式學鋼琴，八歲就以高分考過加拿大皇家音樂學院鋼琴十級，九歲參加西雅圖青少年音樂大賽，一舉成為該比賽有史以來最年輕的金獎得主，震驚音樂界的老師及學子。

學習熱情，勝過比賽輸贏

在宇陽學習鋼琴的過程中，也有著和其他孩子相同的問題，那就是不愛練琴。為了提高宇陽對練琴的興趣，我們常在家中舉辦小型家庭式音樂會。

我們在溫哥華認識了一個移民來加拿大的台灣家庭，他們的女兒因茵正好和宇琪一樣年紀。因茵很小的時候，鋼琴就彈得非常好，九歲就得了加拿大全國鋼琴大賽第二名。我們時常聚在一起，大人喝茶聊天，小孩則表演他們新學的樂曲給大家聽。孩子們有時還會自己組成小樂團，演奏喜歡的流行音樂，多年下來，不但一起練習，也成為最好的朋友。舉辦小型家庭式音樂會，不但讓孩子們在溫暖熟悉的環境中發揮所學，也使枯燥的練琴時間成為享受音樂的歡樂時光。

用比賽來促進孩子練琴，其成功的關鍵在於「不求勝」，必須讓孩子明白比賽是為了互相觀摩，勇於表現好的一面，並學習改進自己不好的地方。只要盡全力準備，參加就是勝利，不論結果如何都該慶祝。

記得宇琪宇陽頻繁參加大小鋼琴比賽的那幾年，是我們最常全家一起外出吃飯的日子。因為不論輸贏，只要參加就會慶祝，在孩子小小的心靈中，對比賽不但沒有感到壓力，反而是件非常開心的事。先生常告訴他們：「成功的人必須是『work hard, play hard』（工作時，盡全力工作；玩的時候，也要盡全力的玩）。人不是機器，休息及玩樂不是過錯，在努力過後，放輕鬆

學習成功的關鍵在於「不求勝」。

玩樂是必要的。」

宇陽十歲左右，先後贏了許多國際性的鋼琴大賽，許多人都看好他以後會成為著名音樂家，但身為媽媽的我心裡明白，小小的宇陽早已厭煩每天彈琴的日子，想想做大人的我們，如果長久持續做同一件事都會產生倦怠感，何況是小小的十歲孩子。在宇陽考過加拿大皇家音樂學院的表演級、拿到演奏家證書後，我便問他還想接著學鋼琴嗎？他考慮了一下，說不想再「練」鋼琴了。我明白他的意思，他心底覺得不繼續學有些可惜，但實在提不起勁認真練琴了。

記得宇陽在西雅圖鋼琴大賽得獎時，有個非常喜歡他的評審在頒獎典禮後特別來祝賀：「我喜歡你演奏鋼琴時如火般的熱情，千萬不要失去這種感覺。」如果我不顧宇陽不想練琴的倦怠感，繼續讓他學琴、參加比賽，怕是過不了多久，他就要失去對鋼琴的熱愛。於是我對他說：「不然我們休息一陣子，等你想練琴、想再參加鋼琴比賽了，我們再重新開始學。這段期間，你可以隨意彈自己喜歡的曲子。」宇陽聽了，很高興的答應了，就這樣，我們在宇陽接連贏得好幾場國際鋼琴比賽後，毅然決定退出。好多音樂界的朋友都不敢相信，問我為什麼不讓宇陽接著學鋼琴，我回答說：「等他重拾對鋼琴的熱情後，再重新來過吧。」

學提琴，卻意外重拾對鋼琴的熱情

停學鋼琴以後的宇陽，日子突然變得清閒，我知道他有過人的音樂天分，便鼓勵他和姊姊一同學小提琴：「你不用像練鋼琴那樣練小提琴，只要每個星期上半小時的小提琴課，再大致上練練皇家音樂學院裡的曲目，就可以了。」宇陽聽我說的要求不高，花的時間也不多，就同意了。

由於鋼琴基礎雄厚，學起小提琴來似乎特別容易，雖然沒有像彈鋼琴那樣的專業水準，但應付皇家音樂學院的各級考試，也算綽綽有餘。就這樣，不到三年，宇陽就考過小提琴的表演級，雖然分數不高，卻也拿到了小提琴的表演家證書。

在學習小提琴的過程中，宇陽總是時不時抱怨，為什麼拉小提琴要一直舉著手、舉著琴，實在太不人道，童言童語聽來實在好笑。但仔細想想，宇陽一直是舒舒服服坐著彈鋼琴，換成要一直站著，還要扭著左手高舉小提琴，自然無法習慣，或許這正是他始終不太喜歡小提琴的原因。

宇陽十三歲就不再學小提琴了，也沒打算重拾練鋼琴，我擔心他即將進入青春期，如果日子太閒散，沒有生活目標，會容易學壞。另一方面，我也怕不學鋼琴，也不學小提琴，會浪費了他的音樂天分，就建議他學大提琴。大提琴舒舒服服坐著拉，和鋼琴很像，再加上和小提琴一樣同是弦樂器，宇陽學起來更是輕鬆自在。十六歲時，宇陽又考到大提琴演奏級，成為擁有三個加拿大皇家音樂學院表演家證書的少年音樂家。

鋼琴是樂器之王，學好了鋼琴就像開啟音樂的大門，對其他樂器都能觸類旁通、舉一反三。五年前，當朋友們問我他們的小孩該從什麼樂器開始學，我總是告訴他們「鋼琴」，因為那樣最快也最有效率。但在宇陽學了小提琴及大提琴後，我才明白，原來鋼琴的音準是採用間斷的平均率，而小提琴及大提琴這樣的弦樂器，則是連續性的音準，並且需要隨時根據曲目的大小調性，在演奏時做即時調整。由於宇陽在十歲前沒有接觸過弦樂器，所以他的音準發展是按照鋼琴的平均率，使得他在學習高

級的弦樂曲時，總被老師批評音拉得不準，但以鋼琴的標準來說，宇陽覺得自己已經拉得夠準了，總覺得為什麼老師雞蛋裡挑骨頭、找他麻煩。

記得兩年前，宇琪和宇陽想要學一些小提琴的世界名曲，我便為他們聘請一位茱莉亞音樂學院畢業的小提琴演奏家羅伯特，來教他們高難度的小提琴名曲。老師聽了他們倆拉的小提琴曲後，說了一段耐人尋味的話：「在弦樂的調性學習上，可分為四個階段：第一階段，你不知道你不會；第二階段，你知道你不會；第三階段，你不知道你會；第四階段，你知道你會。」

很顯然的，老師看到兩姊弟興致勃勃的拉著世界名曲，不好意思明著說他們所拉的音，從弦樂器的角度來聽，音準實在太差，只好委婉暗示，從專業的標準來看，宇琪宇陽的弦樂音準水平正處在第一階段：不知道自己不會，還以為自己拉得很好。

從那之後，再有人問我該讓孩子先學鋼琴還是小提琴，我就會回答：「如果想成為專業小提琴家，一定要先學小提琴，從小開發連續性音準的能力；但如果只是想多學幾種樂器，就要先學鋼琴，才可以對音樂有全面的認識，之後再學其他的樂器，都容易得多。」

學過了小提琴及大提琴後，宇陽終於明白自己的音樂天分主要在鋼琴，只有彈鋼琴才能無所限制的表達出他對樂曲的熱情。經過將近五年的弦樂訓練，他更深刻的明白，如何用鋼琴彈出如歌般的優美旋律。

重新找回對鋼琴的熱愛後，宇陽在十六歲時又一次參加全國鋼琴大賽，並以〈柴可夫斯基第一號鋼琴協奏曲〉再度贏得加拿大全國鋼琴大賽冠軍。之後並融合他多年的音樂所學，結合最新電腦科技，創造出連世界級音樂大師都讚嘆的「一人三重奏樂團」。

教養祕笈——學習熱情，勝過比賽輸贏

- 不論比賽輸贏，只要有心參加就是好事，就該慶祝，讓孩子對比賽不但沒有壓力，反而開心參與。
- 人不是機器，努力過後，放輕鬆玩樂是必要的。
- 當孩子真的失了學習熱情，就不再勉強；等孩子重拾熱情後，再重新來過也不遲。

CEO 20

中西不同的畢業

照相館外停滿了各式各樣的家用轎車，宇陽十二年級剛開學不久，就說訂好了時間要照畢業照，我便依照約定好的時間，開車帶宇陽去照相館拍畢業照。

因為車子太多，找不到停車位，只好一趟又一趟的開車在周圍轉，希望找到一個離照相館近一點的停車位，卻無意中發現，附近停的車裡全坐著華人家長，安靜而又無奈的在車中等待在照相館中拍照的子女。

我正在納悶他們為什麼全坐在車上，而不進去照相館中等，正巧看到了宇琪同學的媽媽，也坐在停好了的車中。

我便隔著車窗問：「為什麼不進去等呢？」那個媽媽說：「我兒子說家長不能進去。」

我雖然對這個回答心存疑問，但看到這麼多坐在車上耐心等待的華人父母，就讓宇陽在照相館門口下車，而我自己則在較遠處找了個停車位。

因為是約好的照相時間，我想，照個照片也等不了多久，就想著也坐在車上等宇陽。沒想到這一等，就是三個多小時。

還不見宇陽出來，溫哥華九月份的傍晚，常常溫度會降到十度左右，真是愈等愈氣，也顧不得其他家長說的「父母不能進照相館」，我氣呼呼的走進去詢問櫃枱小姐：「我兒子約的是五點拍照，現在已經八點了，還沒照完，你們還不讓家長進來等，知道有多少家長坐在冷冷的車中，已經等了好幾個小時了嗎？」只見那長得標緻可愛的白人櫃枱小姐，一臉迷惑的解釋說：「因為是拍藝術畢業照，有個人獨照、班級合照、社團趣味照，以及家庭藝術照，所以時間比較長，但是我們非常歡迎家長進來一同參與，幫自己的孩子打扮打扮，多照一些值得留存的好照片。」

我聽她這麼說，一時之間真不知該如何回答，轉頭看看，果然有幾個外國家庭高高興興和自己的孩子拍畢業兼全家福藝術照。反觀另一邊，一大群華人子弟聚在一起，有說有笑的，像是開畢業同學會，完全不顧自己的父母在外面已經等了好幾個小時。我這下才恍然大悟，原來是華人子弟不想讓自己的父母進照相館，而不是照相館不讓進。由於每個孩子說的都一樣，所有的華人家長才會乖乖等在外面。而這些移民第二代的孩子們，則硬是將西方傳統高中畢業時的溫馨家庭活動，變成了謝絕父母參加的畢業拍照同樂會。

高中畢業，就長大成人了

許多華裔父母在異國辛苦奮鬥，為的就是給下一代提供更好的生活條件，希望自己的子女能夠在北美接受好的教育，成為人人尊敬的傑出華裔子弟。但可憐天下父母心，大多數的孩子不但沒有學到西方好的價值觀，反而「截短補長」，將中西方有利於子女的觀念，有效率的結合，唬弄父母，來達到自己偷懶貪玩的最大利益。

西方的家庭，並不全都希望孩子念大學，對他們來說，孩子高中畢業就是長大成人了。所以高中畢業是孩子的人生大事，西方的父母都會很慎重的為孩子慶祝。除了全家一起陪同孩子照畢業藝術照外，還會替孩子準備昂貴禮服，租豪華加長型轎車，送孩子去五星級大飯店，參加高中畢業舞會。其意義在於，這是他們為即將成年的子女所做的最後一件大事。之後孩子就要搬去外面住，一切靠自己，就連上大學的學費都要自己申請學生貸款，而不再是父母的責任。

反之，絕大多數的華人父母，都將自己的孩子撫養到大學畢業，才算成人。高中畢業對華人家庭而言，是決定孩子入讀哪一所大學的緊張時刻，哪有時間和心情大肆慶祝高中畢業。記得我從北一女中畢業時，大家緊張得準備大學入學聯合招生考試，連睡覺的時間都不夠了，哪有時間照藝術照、參加畢業舞會。

大多數北美出生的華裔孩子，倒是有效的結合中西高中畢業對他們有利的觀點，一邊心安理得的「高調」畢業，以體現自己的長大成人，一邊理直氣壯的做「未成年」的大學生，吃父母的、喝父母的，毫無愧疚的繼續向父母伸手要學費。

「上大學」不是最重要的，「想上大學」才是

自從我移民加拿大，算算已有二十多年，在溫哥華看到無數從兩岸三地來的華裔青年，憑著堅忍的決心，努力奮鬥，希望早日在異國他鄉闖出自己的一片天。傑出成功的華裔人士，必定具備同樣的特質，那就是中西合璧、截長補短、身體力行，發揚中西方文化的優點。

我們在這個新時代為人父母，若是想教育出優秀的子女，首先必須重視的，就是如何吸收西方文化的特長，創造改進我們本身的教育觀點，才能將子女導向正確的成長之路。

西方教育最值得我們敬佩和學習的地方，就是強調「自我激勵」（self-motivation）的重要性。「上大學」不是最重要的，「想上大學」才是，不是父母想讓孩子上大學，而是孩子發自內心的想要上大學。

近幾年來，溫哥華的移民潮，從早期的香港、台灣，到近年的中國大陸，在教育方面最大的變化，就是從崇尚入讀家附近的加拿大著名大學，演變成瘋狂崇美「爬藤潮」。所謂的五大藤，指的是哈佛、耶魯、普林斯頓三個大藤，再加上麻省理工，及史丹福，其餘的小藤，泛指哥倫比亞、賓大、康乃爾、達特茅斯，再加上柏克萊、加州理工等新興知名學府。

現在溫哥華的華裔父母，如果不說自己的孩子將來想去美國念大學，似乎意味著自己的孩子不夠優秀上進，而他們在加拿大出生的子女，更是徬徨在學校白人老師說「不是每個人都要念大學」，以及家中父母說「一定要去美國念名校」的衝突矛盾中。

由於我是在高中畢業就移民加拿大，來到溫哥華念大學，比許多其他在亞洲完成大學教育後才出國的家長，接受更多西方教育制度的薰陶，我深切的體會到，教育成功的關鍵不在書本上的內容，而在於正確的心態；只有真心想求學的孩子，才能學有所成。

哈佛不是終點

在宇琪宇陽中學時期，我雖然很注意他們對課業的內容有沒有確實了解，但我更重視的是他們對自己前途的認知。我總是強調，父母對子女的責任只到高中畢業，之後就長大成人了，要為自己的人生負責。

我告訴他們，可以像大多數西方孩子選擇去餐廳打工，但可能等到三十多歲，因為沒有大學學位找不到更好工作而後悔，但那也是他們自己的決定，要自己承擔。又或者，他們想去美國念世界頂尖的大學、結識最優秀的

只有真心想學的孩子，才能學有所成。

人才、進入傑出的社交圈，為自己的未來鋪設平坦大道。不論哪一種，都是自己的選擇。宇琪宇陽剛開始聽我這樣說時，有些似懂非懂，但是因為這是我發自內心的教育觀點，而不是像其他華人家長，因為埋怨自己孩子不聽話，而胡亂罵孩子的氣話，在日積月累的家庭教育中，宇琪宇陽真正體會到「書是為自己讀、大學是為自己上」，他們更真心的感受到父母無私的奉獻，成為他們實踐夢想的有力後盾，是件多麼值得珍惜感恩的事。

哈佛大學中也有不少學生，是在虎爸虎媽高壓管教下而入學的，不幸的是，這類學生這輩子最高的成就，可能就是哈佛的入學通知書了。他們在哈佛校園中感受到的不是激勵人心的正能量，而是來自正規課程及課外活動的巨大壓力。

宇陽一個華裔的哈佛同學，在高中時期成績非常優秀，他從來沒有想過自己為什麼要讀大學，只是按照父母期望，在別人羨慕的眼光中走進哈佛。但是完成了考上大學的夢想，也就意味著失去了努力的目標，可惜這樣一個優秀的青年，不但不能善用哈佛提供的種種寶貴資源，反而在全世界最著名的學府中找不到前進的方向，迷失了自我。

我很慶幸能夠成功結合中西方教育的優點，將宇琪宇陽教養成具有獨立思考判斷能力的有志青年，對自己的未來有積極明確的目標，對自己參與的活動有發自內心的熱愛，再加上華人刻苦耐勞、虛懷若谷、精益求精的傳統美德，才能在人才濟濟的哈佛校園出類拔萃，開創屬於自己的一片天。

教養祕笈——父母的責任有限

- 書是為自己讀、大學是為自己上。
- 除了注意對課業的內容有沒有確實了解，孩子更該重視自己對前途的認知。
- 父母對子女的責任只到高中畢業，之後就長大成人了，要為自己的人生負責。

CEO 21

誰能進哈佛？

全校第一的資優生、SAT考兩千四百滿分、美國AP課程全拿「五」滿分、奧林匹亞數學競賽冠軍……這些條件，都是大家心目中的哈佛學生應該必備的。

正如大家所想像，哈佛高材生幾乎全是從小習慣「贏」的人生勝利組，但是當這些總是贏的資優生群聚哈佛，無可避免的，有八成以上的學生要在哈佛校園中面對他們人生第一次「輸」。禁不住輸的哈佛人，無法妥善運用自己的天賦，創造未來。

正因為這個原因，哈佛大學在選拔傑出學子時，看重的不是「贏」，而是「輸」，也就是遇到困難時如何自我調整，從失敗中學習成長。在逆境中轉「輸」為「贏」，才是哈佛大學真正看重要的特質。

落敗激發鬥志

在美國大學入學申請論文中，所有指定的寫作題目，都著重在失敗及挫折對人生的影響，美國大學希望藉由這樣的寫作題材，來了解考生真實的人格及想法。有些不明就裡的華人學生及家長，總以為哈佛大學最看重的是「次次考滿分，處處得第一」的學霸，所以一定要在論文中列舉自己的驚人成就，想著這樣才能受到閱卷者的青睞，從千萬考生中脫穎而出。殊不知，當你在論文中強調自己的輝煌成就時，也間接的在告訴考官，自己是個「只知道贏，不知道輸」的傲慢學生。不論你在課業上有多麼優秀，這樣膚淺自誇的論文，已經足以讓哈佛考官毫不考慮的將你拒於門外。

宇陽從小就不喜歡寫作，在單純的中產階級小家庭中長大，想法也很單純，在準備申請哈佛大學的入學論文時，我們都很擔心他寫不出有深度的好文章。沒想到連續三年參加奧林匹亞化學競賽，不但使宇陽學會了許多化學方面的知識，更讓他從一個懵懂無知又貪玩的小男孩，蛻變成一個有理想、有目標，懂得如何克服困難、接受挑戰的有志青年。

宇陽在他的文章中，深刻描述他第一年參加奧林匹亞化學競賽的經驗。初入化學實驗室時，他第一次惶恐的感到自己的無知及不足。看著周圍參賽的對手們，個個胸有成竹在限定時間內完成所要求的化學實驗，而他卻只知道化學理論，到了化學實驗室，就完全傻眼，像個傻瓜一

樣，不知該從何下手。看著實驗桌上的瓶瓶罐罐，心中生出無限的不安及恐懼。

第一年的落敗，不但沒有打擊他的信心，反倒激發了宇陽的鬥志及上進心。加拿大的教育體系與亞洲有著極大的不同，不但沒有中學老師會專門訓練參賽的學生，大溫哥華地區的公立中學就連合格的化學實驗設備都沒有。當時只有十五歲的宇陽，為了增加自己動手做實驗的能力，自動自發的連絡家附近的西門菲沙大學；在設備齊全的大學化學實驗室中，他自己學習訓練了一整年的化學實驗技巧，終於在第二年進入了加拿大奧林匹亞化學競賽國家隊，並代表加拿大在亞洲贏得國際奧林匹亞化學競賽銅牌。

宇陽的文章寫得出乎我們意料的動人，他深刻描述自己克服困難，透過努力自學，終於使得原本在他心中可怕的化學實驗競賽室，轉變成為他最熟悉鍾愛的學習工作室。連我這個媽媽看了他的文章，都深受感動，哈佛的閱卷官當然也可以深刻體會到宇陽如何透過自我學習改進，以過人的決心及毅力轉「輸」為「贏」。

和哈佛面試官相談甚歡

「哈佛面試」是另一個決定能否順利走入哈佛的重要關卡。

記得數年前，還是高中三年級的宇琪收到哈佛面試通知時，我們全家都既興奮又緊張，四處打聽哈佛面試官有可能問的問題，深怕宇琪準備不夠周全，被艱難的面試題給考倒了。

到了面試當天，一向謹慎的我，已經提前兩個小時出門，想著提早把宇琪送到面試會場，好讓她有充分的時間定心安神，希望以最佳的狀態應試。沒想到才出家門沒多久，就碰上數年不見的高速公路大塞車，平時五分鐘可以開車到的距離，竟然花了我們一個多小時。看著前面大排長龍，擁擠不動的車隊，是絕不可能準時將宇琪送到面試會場了。「怎麼辦？怎麼辦？」向來準時的我，想到竟然不能準時將女兒送到哈佛面試會場，嚇出一身冷汗，不知該如何是好。

「沒關係，媽媽，我就在這下車，跑去搭高架列車。我查過面試會場地址，離捷運站很近，我一定可以準時到達，你自己小心開車，別擔心我了。」宇琪一邊安慰我，一邊鎮定的下車，往車站跑了過去。

那天宇琪不但沒有遲到，還與她的哈佛面試官相談甚歡。面試的過程，完全沒有外界想像的嚴肅緊張，更沒有刁難的問題，哈佛面試官只是很親切的想要了解宇琪除了課業以外的活動及興趣，宇琪興致勃勃的向哈佛面試官述說她創立的「We Youth Help」青少年義工音樂表演團體，哈佛面試官不但聽得津津有味，還說要送自己小孩來參加義工表演。

除了音樂義工表演，宇琪還與哈佛面試官聊了許多她當滑雪教練教小朋友滑雪的趣事，正巧面試官也很喜歡滑雪，他們聊了許多相關的專業問題。

哈佛面試官很滿意宇琪在學習之餘，還對自己參與的多項課外活動，有著無比的熱情。

其實，哈佛面試的重點就在於確認考生有沒有正面積極的人生態度，對自己所參與的活動是不是富有熱情，並且真心喜愛。有些孩子在哈佛面試時，強調自己有多崇拜哈佛，以「進哈佛」為人生最大目標，卻沒有想到，有這樣想法及態度的考生，正是哈佛面試官首先要淘汰的人。試想，如果「進哈佛」是這個考生最大的人生目標，那麼他進了哈佛後，就等於失去了努力的方向，這樣的高中生，怎麼能成為有理想、有熱情的傑出青年。

沒有浮華的修飾，只有真實的事蹟

另一個走入哈佛的重要關鍵就是「推薦信」，這也是一般華裔子弟最吃虧的一項。

一封好的推薦信，不須要由有名的大人物所寫。不少華裔家長總想靠關係、走後門，請出省長以上的大人物，來為自己的孩子寫推薦信，其實不但沒有用，弄不好反而容易產生反效果。「推薦信」是在「入學論文」及「哈佛面試」以外，另一個使哈佛考官能夠了解考生真實性格的有利工具。哈佛希望聽到一個熟識考生多年的老師、教練或社會工作人員，來談談這個考生的真實生活，而不是從未謀面的某位大人物的推薦。

一封好的推薦信，必須與考生所參與的各種活動相呼應。譬如宇琪的校外推薦信，是由溫哥華青年交響樂團裡，少年部樂團指揮的老師馬格利沙所寫。宇琪在十歲左右，進到了馬格利沙的溫哥華青年交響樂團少年部，雖然後來宇琪晉升到青年部繼續演奏，但她仍定期在少年樂團幫忙指導小小團員，並且鼓勵孩子們參加她投身的義工組織，在各大醫院、養老院從事義工音樂會表演。馬格利沙看著宇琪在樂團中一天天成長，並且利用自己的音樂才能幫助樂團的學弟妹，積極鼓勵他們利用所學，回饋社會。

馬格利沙老師衷心佩服宇琪多年來在社區服務中帶來的正面影響，她為宇琪寫的哈佛推薦信中，沒有浮華的修飾，只有真實的事蹟，以及她對宇琪發自內心的讚許。

昔日我以哈佛為榮，今日哈佛以我為榮

在華人父母圈中，時常聽到成績特優的超級學霸，卻申請不上哈佛，反而一些成績尚好、積極參與各種活動的學生，意外申請成功。原因就在於，比起優秀的課業成績，哈佛更在意的是健全的人格發展。每年哈佛的新生，過了多彩多姿的入學蜜月期後，有八成的超優秀學生，就要開始面對他人生第一次的失敗，不只是無法再考全班第一名，就是學科以外的校園社團

活動，也都具有高度競爭性。想想，一個習慣「贏」的高中生，在進了哈佛後，連自己認為最拿手的社團活動都不如別人，心中所受到的打擊不是言語可以形容的。

宇琪哈佛大學二年級時，有次和我聊天，談到哈佛為什麼特別強調要「全面性優秀的學生（All Round Student）」，她說：「人的自信，建立在能力之上。對於一個只有在單方面表現優秀的人，進了哈佛，看到在同一領域還有那麼多比他更優秀的人，會突然發現，原來自己根本沒有想像中的那麼出色，很容易因此受到打擊，失去了原本的自信。而全面性優秀的學生，因為是從多方面的成就，建立起自我肯定的價值觀，即使在哈佛看到了比他在某方面更優秀的同學，不但不會被打擊信心，反而會激發出上進心，並善用自己的才能做出貢獻，成為真正受人尊敬的哈佛人。」

第一位華裔太空人王贛駿，在回到位在台北的母校師大附中演講時，曾說：「昔日我以附中為榮，今日附中以我為榮。」全世界優秀的人才太多

從多方面成就自我肯定，即使遇到更優秀的人，
不但不受打擊，反而會激發上進心。

了，到底誰能進哈佛？只有那些對生活有熱情，懂得善用自己的才華造福社會、具有領袖才能的有志青年，才能受到青睞，而不會是以進入哈佛為人生目標的學生。哈佛大學期望它所精心挑選的學子，有一天會回到母校自豪的說：「昔日我以哈佛為榮，今日哈佛以我為榮。」

教養祕笈——讓孩子勇於面對真實的自己

- 孩子「只知道贏，不知道輸」，不是好事。
- 遇到困難如何自我調整，從失敗中學習成長，在逆境中轉「輸」為「贏」，才是可貴。
- 一封好的推薦信，必須與孩子所參與的生活與學習活動相呼應，沒有浮華的修飾，只有真實的事蹟。
- 健全的人格發展，比起優秀的學業成績，更加重要。

教育教養 BEP032

優秀不是靠運氣

16 歲提前錄取，
18 歲成為全美最年輕亞裔 CEO，
哈佛姊弟的教養祕笈首度公開

國家圖書館出版品預行編目(CIP)資料

優秀不是靠運氣：16歲提前錄取,18歲成為全美最年輕亞裔CEO!哈佛姊弟的教養祕笈首度公開 / 于巾幗、蕭峰作. -- 第一版. -- 臺北市：遠見天下文化, 2017.01
面； 公分. -- (教育教養；BEP032)
ISBN 978-986-479-153-8(平裝)

1.親職教育 2.子女教育

528.2 105025407

作者 — 于巾幗、蕭峰

事業群發行人／CEO／總編輯—王力行
副總編輯 — 周思芸
責任編輯 — 陳孟君
封面設計 — 三人制創
內頁設計 — 連紫吟、曹任華

出版者 — 遠見天下文化出版股份有限公司
創辦人 — 高希均、王力行
遠見・天下文化・事業群 董事長 — 高希均
事業群發行人／CEO — 王力行
出版事業部副社長／總經理 — 林天來
版權部協理 — 張紫蘭
法律顧問 — 理律法律事務所陳長文律師
著作權顧問 — 魏啟翔律師
地址 — 台北市 104 松江路 93 巷 1 號 2 樓

讀者服務專線 — 02-2662-0012 ｜ 傳真 — 02-2662-0007, 02-2662-0009
電子郵件信箱 — cwpc@cwgv.com.tw
直接郵撥帳號 — 1326703-6 號　遠見天下文化出版股份有限公司

製版廠 — 中原造像股份有限公司
印刷廠 — 中原造像股份有限公司
裝訂廠 — 中原造像股份有限公司
登記證 — 局版台業字第 2517 號
總經銷 — 大和書報圖書股份有限公司　電話／(02)8990-2588
出版日期 — 2017/01/20 第一版第 1 次印行

定價 — NT300
ISBN 978-986-479-153-8
書號 — BEP032
天下文化書坊 — http://www.bookzone.com.tw